Se soubesse que o mundo se desintegraria amanhã, ainda assim plantaria a minha macieira. O que me assusta não é a violência de poucos, mas a omissão de muitos. Temos aprendido a voar como os pássaros, a nadar como os peixes, mas não aprendemos a sensível arte de viver como irmãos.

Martin Luther King

Vera Lúcia de Oliveira

INCLUSÃO

ESTRATÉGIAS DE ATUAÇÃO NA ESCOLA NA PERSPECTIVA INCLUSIVA

EDICON

CIP-BRASIL. CATALOGAÇÃO NA PUBLICAÇÃO
SINDICATO NACIONAL DOS EDITORES DE LIVROS, RJ

O52i

Oliveira, Vera Lúcia de

Inclusão : estratégias de atuação na escola na perspectiva inclusiva / Vera Lúcia de Oliveira. - 1. ed. - São Paulo : Edicon, 2023.

160 p. ; 23 cm.

ISBN 978-65-5934-071-2

1. Educação especial. 2. Educação inclusiva. 3. Inclusão escolar. I. Título.

23-84641 CDD: 371.9
CDU: 376

Gabriela Faray Ferreira Lopes - Bibliotecária - CRB-7/6643 21/06/2023 28/06/2023

CONTATO COM O AUTOR(A): educaver@gmail.com

CAPA: *Alex Ramos*

EDICON
Editora e Consultoria Ltda EPP
(11) 3255 1002 • 3255 9822
Rua Gama Cerqueira, 87 Cambuci
CEP 01539-010 São Paulo/SP
www.edicon.com.br

Sumário

INCLUSÃO: ESTRATÉGIAS DE ATUAÇÃO NA ESCOLA NA PERSPECTIVA INCLUSIVA 9

INTRODUÇÃO 15

2. UM OLHAR SOBRE A FUNDAMENTAÇÃO TEÓRICA.......... 19
    2.1. Breve Histórico sobre a diversidade e as diferenças ao longo do tempo e o reflexo dessas relações no Espaço Escolar.......................... 19
    2.2. Educação Inclusiva 25
    2.3. Um cenário da INCLUSÃO no Brasil........................ 30
    2.3.1. Deficiência no Brasil.. 42
    2.4. Educação Especial e Inclusiva: Acordos internacionais sobre Inclusão 43
    2.5. Legislação sobre a inclusão no Brasil 52
    2.6. Documentos do Município de São Paulo 59
    2.6.1. Quem tem direito a matrícula na Educação Especial? 69
    2.6.2. Como chamar as pessoas com deficiência?........ 76

3. PESQUISA DE CAMPO 83
    3.1. Pesquisa 83
    3.1.1. Procedimentos metodológicos e tipo de pesquisa 83
    3.1.2. Público da pesquisa 84
    3.1.3. Instrumentos de coleta de dados 85
    3.1.4. Análise dos dados 86
    3.1.5. Conclusão da pesquisa:.................................. 113

4. Organização da escola na perspectiva da Educação Inclusiva 119
4.1. Ação docente frente a inclusão: Identificação e Intervenção 119
4.2. Ações da gestão escolar para viabilizar o Atendimento Educacional Especializado no Município de São Paulo 123
4.3. Adequações a serem realizadas para o Atendimento Educacional Especializado 124

5. CONSIDERAÇÕES FINAIS 127

REFERÊNCIAS 133

ANEXOS 141

Dedico este livro à todas as crianças e adolescentes do Brasil, que urge ter voz e vez na nossa história!

Aqui representados pela Beatriz, pelo Victor Hugo, pela Elisa e pelo pequeno Ravi.

INCLUSÃO: ESTRATÉGIAS DE ATUAÇÃO NA ESCOLA NA PERSPECTIVA INCLUSIVA[1]

APRESENTAÇÃO

Iniciei na educação em 1999 e passei por diversas experiências que me levaram a pensar em como deveríamos organizar a escola para atender a todos, sem exceção, e com melhores condições de trabalho para o professor desempenhar suas funções em sala de aula.

Graduada em pedagogia, com especialização em alfabetização e letramento, psicopedagogia e Educação Especial na área da deficiência intelectual, atuando desde a Educação Infantil ao ensino médio, observava muitas situações de despreparo tanto do professor quanto da equipe gestora, frente às dificuldades cotidianas em promover ações para o atendimento inclusivo.

Incluir não é tarefa fácil, e tem sido um grande desafio em minha carreira profissional, assim procuro agregar conhecimentos sobre o assunto em minha formação, isso, muito antes de atuar na área da educação.

Ainda muito jovem fui voluntária em associações de bairro, Organizações Não Governamentais e equipamentos públicos auxiliando no atendimento às crianças, jovens e ido-

---

1 Pesquisa cientifica: "Estratégias de atuação na escola de ensino fundamental para inserir crianças e adolescentes com deficiência intelectual no processo de ensino aprendizagem: possibilidades para a identificação e intervenção"; desenvolvida por Vera Lúcia de Oliveira no Curso de Graduação em Terapia Ocupacional da Faculdade de Filosofia e Ciências - Universidade Estadual Paulista "Júlio de Mesquita Filho" - Campus de Marília como exigência parcial para a obtenção do título de Terapeuta Ocupacional, concluída em 2012. Revisada em 2014, 2016 e 2019, com base na experiência profissional em escolas públicas. Reformulada e ampliada em 2023, recebendo novo título, novo formato e o acréscimo de pesquisas realizadas com professores e gestores da rede pública de ensino de São Paulo.

sos. Aos 14 anos de idade fiz parte de um projeto de reforço escolar para os quatro anos iniciais do ensino fundamental, que tinha o objetivo de melhorar as práticas de leitura e escrita das crianças envolvidas.

Em 1991 ingressei por concurso público na Secretaria do Serviço Social-SAS[2], no setor administrativo. Inicialmente fui para uma creche na favela do Heliópolis, onde participei de alguns projetos para atender as famílias atingidas por emergências sociais, consideradas na época, "pessoas em situação de vulnerabilidade[3] social", também atuei junto ao movimento de alfabetização de adultos inspirado em Paulo Freire (1921 – 1997), intitulado MOVA. O trabalho na SAS era exaustivo, porém, gratificante quando os resultados eram mensurados.

Um ano depois fui trabalhar junto à supervisão do Serviço Social atendendo a população que sofria com as calamidades cotidianas. As equipes eram formadas por sociólogos, psicólogos, pedagogos, assistentes sociais e servidores diversos da supervisão regional e a defesa civil.

---

2 As Supervisões de Assistência Social (SAS) no município são divididas em 32 unidades, separadas por distrito e região. As SAS são responsáveis pela articulação junto à rede de serviços socioassistenciais do território abrangido pela unidade que exerce para fins de melhor execução no atendimento às famílias e indivíduos em situação de vulnerabilidade socioeconômica, com fragilidade de vínculos relacionais e atingidas por emergências e/ou calamidade pública. Além disso, a SAS articula e participa de ações conjuntas com outras organizações para assegurar direitos, fortalecer a função protetiva das famílias, fomentar processos de fortalecimento das organizações sociais e de projetos de inclusão social e garantir a integração das ações com as outras políticas públicas do seu território de abrangência. https://www.prefeitura.sp.gov.br/cidade/secretarias/assistencia_social/assistencia__social/supervisoes_de_assistencia_social/index.php/Acesso em 08/11/22

3 [...] cidadãos e grupos que se encontram em situações de vulnerabilidade e riscos, tais como: famílias e indivíduos com perda ou fragilidade de vínculos de afetividade, pertencimento e sociabilidade, ciclos de vida, identidades estigmatizadas em termo étnico, cultural e sexual; desvantagem pessoal resultantes de deficiências, exclusão pela pobreza e, ou, no acesso às demais políticas públicas; uso de substâncias psicoativas, diferentes formas de violência advinda do núcleo familiar, grupos e indivíduos; inserção precária ou não inserção no mercado de trabalho formal e informal, estratégias e alternativas diferenciadas de sobrevivência que podem representar risco pessoal e social (BRASIL, 2005, p. 33).

Atendíamos vítimas de enchentes e incêndios, moradores de áreas de riscos, em beira de córregos ou embaixo de viadutos. Distribuíamos alimentação ou atendíamos em albergues e, além disso, fazíamos a contagem das pessoas que viviam nas ruas, para se ter uma estimativa da quantidade de pessoas nessas condições por região.

Foram mais de oito anos atuando na Assistência Social e vendo de perto, as injustiças sociais e outras diversas causas que levaram muitas pessoas e famílias inteiras à situação de alto risco de vulnerabilidade. Parte desse tempo, nos três últimos anos de serviço, atuei como diretor substituto de equipamento social na rede direita, "as antigas creches.

A diversidade de trabalho que realizei, exerceu influências nas minhas escolhas profissionais, por exemplo, no período em que trabalhei nas creches, em cada unidade que passei havia uma demanda diferente, que ampliava meus conhecimentos em relação ao atendimento dos bebês, crianças e a comunidade a qual pertenciam.

As políticas de assistência pública oferecidas pelas nossas equipes levavam o mínimo à sobrevivência dos atendidos. Observando a dimensão do atendimento que realizávamos para garantir os direitos inerentes ao ser humano, tendenciava a pensar que um amplo trabalho feito na educação, talvez minimizasse tais mazelas sociais.

O educador e filosofo Paulo Freire influenciou o meu trabalho e as escolhas profissionais que fiz. Conheci os diversos livros que escreveu quando participei do projeto de Alfabetização de Adultos oferecido pela Secretaria do Serviço Social na comunidade de Heliópolis. Segundo ele, "Educação não transforma o mundo. Educação muda as pessoas. Pessoas transformam o mundo. (Paulo Freire, Pedagogia do Oprimido, 1987)."

Suas obras falam sobre a conscientização para emancipação social, cultural e política do homem, por via de uma metodologia dialógica. Seus textos, nos faz pensar em como podemos transformar a sociedade pela educação. Em Freire, 2000, conseguimos entender que este educador lutava contra estereótipos e era competente em acreditar na capacidade de mudança do ser humano:

> Partindo de que a experiencia da miséria é uma violência e não expressão da preguiça popular ou fruto da mestiçagem ou da vontade punitiva de Deus, violência contra o qual devemos lutar, tenho enquanto educador de me tornando cada vez mais competente sem que a luta perderá eficácia (FREIRE, 2000, p.82).

A condição de vida em que as pessoas se encontram é fruto de processos sócio-histórico-cultural. Seus textos, nos faz pensar em como podemos transformar a sociedade pela educação.

> Não é possível refazer este país, democratizá-lo, humanizá-lo, torná-lo sério, com adolescentes brincando de matar gente, ofendendo a vida, destruindo o sonho, inviabilizando o amor. Se a educação sozinha não transformar a sociedade, sem ela tampouco a sociedade muda (FREIRE, 2000, p.67).

Pensava em como educadores poderiam contribuir para a emancipação sociocultural e política da pessoa, para que pudesse transformar sua realidade e viver com dignidade. "[...] urge que assumamos o dever de lutar pelos princípios éticos mais fundamentais como respeito à vida dos seres humanos [...] Freire, 2000, p.24". Defendia uma educação com amorosidade, Para ele: "A alegria não chega apenas no encontro do achado, mas faz parte do processo da busca. E ensinar e aprender não podem dar-se fora da procura e da alegria. (FREIRE, Pedagogia da Autonomia, 1996, p.56)".

A procura é parte incessante do aprender e do ensinar e necessita ser um ato alegre. Não podemos nos aquietar diante das injustiças e incertezas.

Acredito que a educação talvez seja um caminho, não único, mas o mais provável para dar oportunidades e condições às pessoas viverem com dignidade.

Desde essa época, venho pesquisando sobre este assunto para melhorar a minha prática profissional, percebo essa atitude também em muitos professores que buscam aprimorar suas práticas docentes.

Acredito na mudança vinda da educação escolar e, penso que a escola seja um lugar privilegiado para tais transformações. Nessa ótica, precisamos ressignificar esse espaço para ser plural, para atender as diferenças humanas e focar na formação de um cidadão participativo, engajado em saber quem é no mundo e como pode participar da vida em sociedade.

Entendo a importância das políticas públicas de assistência social para aqueles que estão desprovidos das condições básicas para sua sobrevivência, mas atreladas a elas, precisamos de uma escola que seja para todos, independentemente, das diferenças, onde crianças e adolescentes possam ter acesso ao currículo escolar e as oportunidades de aprendizagens para viver melhor.

Palavras chaves: Educação Inclusiva, Educação Especial, Educação para Todos, Estratégias de atuação.

INTRODUÇÃO

A legislação definiu os direitos à inclusão escolar, isto há algum tempo.

A Constituição Federal de 1988, prevê no artigo 205 que, "A educação é direito de todos, dever do Estado e da Família". Em sua redação, garante o pleno desenvolvimento da pessoa, o exercício da cidadania e a qualificação para o trabalho. Traz como objetivos fundamentais, "promover o bem a todos, sem preconceitos de origem, raça, sexo, cor, idade e quaisquer outras formas de discriminação" (art.3º, Inciso IV). Assegura a todos, sem distinção de qualquer natureza a "igualdade de condições para o acesso e permanência na escola" (art. 206, inciso I). Estabelece como um dos princípios para o ensino a garantia do atendimento educacional especializado, preferencialmente na rede regular do ensino (art.208).

A lei garante a inclusão escolar para todos, independentemente, de suas diferenças. Porém, o que entendemos por ACESSO e PERMANÊNCIA? Será que abrir a porta da escola e ter crianças e adolescentes com deficiência ou em situação de inclusão em sala de aula garante o verdadeiro significado da palavra "INCLUSÃO ESCOLAR?".

Acreditamos que não!

A inclusão é um desafio muito maior que abrir as portas da escola e realizar a matrícula. Incluir traz consigo a tarefa de criar condições para o atendimento e aprendizagem de todos. Isso significa ter compromisso com a permanência e com a qualidade do ensino.

Em relação a Educação Especial, o Brasil começou a construir um novo olhar sobre como atender as pessoas com deficiência. Criou a Secretaria da Educação Especial de âmbito Nacional, com o compromisso de apoiar e qualificar as práticas escolares inclusivas, iniciando um novo formato para a história dos sistemas educacionais. Definiu no contexto nacional, a responsabilidade de cada âmbito governamental, da escola e da família, com enfoque nos princípios filosóficos da Declaração dos Direitos Humanos, nos acordos mundiais e nos compromissos à superação das injustiças relacionadas ao desenvolvimento humano.

Neste contexto, qual seria o desafio para nós, profissionais da educação que estamos em contato direto com a demanda escolar nas instituições de ensino?

O desafio seria desconstruir o que está posto e construir novos conceitos, novas metodologias tanto no âmbito da gestão como na prática pedagógica. É preciso mobilizar esforços em busca de transformações no Sistema Educacional, tornando-o um Sistema Educacional Inclusivo que seja capaz de contribuir para uma sociedade mais justa e igualitária. Que invista na convivência de modo a garantir o respeito a diversidade humana.

A legislação vem propor mudanças importantes para que a inclusão ocorra, com a criação de políticas públicas para garantir escola para todos, sem exceção, acolhendo toda a diversidade e diferenças humana.

Pensar a escola inclusiva é superar a complexidade de fatores impeditivos que irão surgir no cotidiano escolar. A escola regular tem sua responsabilidade dividida entre o estado e a família, ainda assim, existem vários segmentos humanos excluídos ou marginalizados nos sistemas de ensino.

A legislação tratou de garantir o direito de acesso, mas, a permanência está comprometida quando a escola não é inclusiva e trabalha tendo como modelo a tal "normalização" do sujeito, tratando a todos de forma homogênea. Para que a inclusão aconteça o primeiro passo é reconhecer que todos somos detentores dos direitos humanos e somos diferentes.

A escola precisa construir um olhar crítico sobre a formação do sujeito de forma subjetiva, promover o acesso ao conhecimento e desenvolver as potencialidades e habilidades de cada um, tendo em vistas o exercício da cidadania.

Para tanto, é fundamental que os profissionais da educação compreendam a importância da formação humana. Discutam e reflitam no coletivo da escola sobre o trabalho pedagógico que desenvolvem. Descontruam as práticas excludentes e reconstruam-nas sob uma nova ótica que seja mais humanista e inclusiva. Assim, não há como desconsiderar as singularidades do sujeito, suas relações com os outros e com o meio em que vive. Respeitar as diferenças é dar condições de oportunidades para que todos se desenvolvam nas inter-relações, fornecendo subsídios para as intra-relações. Este é um ponto crucial na construção da autonomia individual e participação social de cada um. "Não há educação fora das sociedades humanas e não há homem no vazio" (Freire, 1967, p. 35). Esta e outras ideias precisam ser discutidas nos espaços escolares.

> UM JEITO DIFERENTE DE FAZER PEDAGOGIA: Pedagogia do oprimido encara o fato da não-neutralidade pedagógica e assume claramente o lugar social de onde essa pedagogia é feita [...] O meu ponto de vista é dos 'condenados da terra', dos excluídos [...] (FREIRE, 2001, p.54).

Será preciso rever conceitos, teorias e repensar as práticas pedagógicas sempre visando a construção humana. Ainda em Freire, 2000, p. 81: "[...] mudar é difícil, mas é possível, que vamos programar nossa ação política pedagógica[...]".

Na escola a discussão sobre Educação Para Todos e os avanços em relação a inclusão escolar ainda são tímidos. Há comprometimento no atendimento inclusivo, apesar do aparato legislativo em âmbitos Internacional e nacional que orientam as práticas pedagógicas nas instituições de ensino. Conhecer os documentos e validá-los na prática, seria um ponto importante para o planejamento e organização das ações e programas educacionais na perspectiva inclusiva, porém, não único.

Neste livro vamos propor uma conversa entre profissionais da educação sobre a inclusão escolar e a Educação Especial, com foco na construção da escola inclusiva, destacando que este estudo traz como base a abordagem histórico-cultural sobre o desenvolvimento humano, especificamente, os debates e propostas atuais relacionadas à educação inclusiva.

Entendemos a inclusão escolar como acesso e permanência; todos têm direito à educação de qualidade, respeitando as diferenças de cada pessoa, suas particularidades e especificidades, dessa forma, a educação necessita ser mais inclusiva e acessível a todos.

Esperamos assim, que esta reflexão possa contribuir na empreitada escolar de professores, no atendimento em sala de aula comum, do ensino regular, propondo possíveis estratégias de atuação na escola na perspectiva inclusiva, como possibilidade que todos tenham acesso aos conhecimentos necessários para avançar no seu processo de aprendizagem e desenvolver sua autonomia social para viver melhor na sociedade.

Este livro traz ainda, relatos de professores da educação básica, da rede pública de São Paulo, sobre as práticas pedagógicas e a organização da escola para o atendimento inclusivo.

2. UM OLHAR SOBRE A FUNDAMENTAÇÃO TEÓRICA

Iniciamos com um breve histórico sobre a diversidade e as diferenças ao longo do tempo e o reflexo dessas relações no espaço escolar. Traremos reflexões sobre a Educação Especial e a Educação inclusiva, paradigmas da deficiência, as alterações de termos e conceitos com base na legislação, desdobramentos de documentos oficiais no âmbito nacional e internacional e outras questões, com intuito de aprofundar estudos de teorias para incrementar as práticas, ou seja, pensarmos em estratégias de atuação na escola na perspectiva da Educação Inclusiva, para atender as necessidades educacionais especiais apresentadas pelos estudantes com deficiência intelectual e, em contrapartida, organizando a escola para todos.

2.1. Breve Histórico sobre a diversidade e as diferenças ao longo do tempo e o reflexo dessas relações no Espaço Escolar

O ser humano sempre apresentou dificuldades em aceitar "o outro" no seu convívio devido a diversidade e as diferenças apresentadas pelo "não eu", principalmente, se estas são entendidas como prejudiciais à funcionalidade orgânica e as ações diante das demandas sociais.

Os seres humanos apresentam muitas diferenças que podem ser físicas e cognitivas. Algumas dessas diferenças receberam atributos de desvantagem em determinados momentos da vida social. Aqueles que foram considerados fora das normas estabelecidas em determinadas sociedades, eram excluídos.

A construção social da diferença é muito mais acentuada que os próprios elementos biológicos, que apesar de assumirem um importante papel na constituição da deficiência, a influência social foi muito marcante, quando define quem pode participar da vida em sociedade e quem será excluído do convívio social.

Dessa forma, criou uma conceituação, ou seja, uma forma de demarcação que impossibilita a participação da pessoa com deficiência na teia inter-relacional da convivência humana.

Segundo Omote (2004, p. 288):

> Como fenômenos naturais, a diversidade ou variabilidade intra-específica e as diferenças interindividuais representam um grande patrimônio, do qual pode dependera adaptabilidade da espécie ao seu meio, assegurando, em última instância, a sua sobrevivência. Entretanto, nem todas as características diferentes são intrinsecamente vantajosas. O caráter vantajoso ou desvantajoso as características adquirem em interação com o meio. Se uma característica permite ao seu portador a sucumbir a alguma demanda do meio, torna-se desvantajosa; e muitas qualidades podem, num dado momento de interação do indivíduo com o meio, não ter nenhum sentido de vantagem ou desvantagem.

As diferenças serão aceitas conforme a relação que terão com o meio. Quando a diferença é originada por uma patologia, que é entendida como uma incapacidade e não representa nenhuma vantagem a seus pares, ocorre uma maior discriminação e muitas vezes, provoca a rejeição e o abandono para com a pessoa com deficiência. Assim a concepção da deficiência passa a ser construída socialmente, o meio válida ou não, ela muda em relação ao contexto social.

A não aceitação das diversidades já vem sendo praticada desde os tempos remotos, como verificamos em Mendes (2006, p. 387):

> Foi uma fase de segregação, justificada pela crença de que pessoa diferente seria mais bem cuidada e protegida se confinada em ambiente separado, também para proteger a sociedade dos "anormais". A institucionalização dessas pessoas ocorria de forma natural, em asilos e manicômios. "Foi a resposta social para tratamento dos considerados desviantes". Mendes, (2006).

Segundo Omote (2005), o processo de exclusão caminhou das diversas e cruéis formas à eliminação dos sujeitos que apresentavam características que destoavam de uma determinada norma estabelecida socialmente.

Por um longo período a deficiência foi centrada na pessoa, sendo administrados tratamentos medicamentosos, considerando a diferença como uma desvantagem intrínseca do sujeito.

Assim, imperava a ideia de aproximar a pessoa com deficiência o mais perto da dita "normalidade", para que esta pudesse participar da vida em grupo.

Os estudos de Omote (2005), demonstram que o princípio da inclusão teve seu início a partir da década de 90, do século passado. A atenção sobre a deficiência recai do indivíduo e passa ser centrada no meio, revelando o movimento de construção social da deficiência, em uma sociedade segregacionista que cria seus próprios mecanismos de exclusão. Iniciando discussões acerca de como acolher melhor a pessoa com deficiência de forma a possibilitar o desenvolvimento das suas capacidades físicas e cognitivas para a participação social.

Um ser humano não pode ser visto como um obstáculo à vida normal. Todos necessitam que sejamos capazes de buscar alternativas para garantir à inserção na vida social ativa. Ainda, segundo Omote, (2004, p.289): "Tudo isso dependerá de novas conquistas do homem, na sua busca incessante de novos conhecimentos de novas tecnologias".

Em termos de Educação, a escola não atendia a todos, dando origem as classes especiais no final do século XIX, que realizavam atendimento paralelamente ao ensino regular para os estudantes que apresentam dificuldades de aprendizagem que nem sempre era deficiência. Porém é neste contexto que o princípio da Educação Especial acontece entre esse tipo de atendimento segregador e as instituições totais.

O avanço científico e o desenvolvimento da medicina contribuíram para a mudança de paradigma. Através de estudos perceberam a capacidade de aprendizagem nas pessoas com deficiência, e ainda segundo mendes (2006), "Passou a ser conveniente adotar a ideologia da integração pela economia que elas representariam aos cofres públicos". Neste contexto, cresce a indústria da reabilitação, uma vez que, a pessoa com deficiência fica confinada até ser considerada apta para o processo de integração social, ou seja, estar mais próxima da normalidade possível para a vida na coletividade social.

Em relação a este modelo de AEE, Mendes (2006), comenta:

> "Um fator crucial que influenciou a mudança na filosofia de serviços nas décadas de 1960 a 1970 foi o custo elevado dos programas segregados, no contexto da crise mundial do petróleo" (MENDES, 2006, p.388).

Com base em Ropoli (2010, p. 7), podemos dizer que a inclusão rompe com os paradigmas que sustentam a ideia de segregação da pessoa com deficiência.

A construção de uma sociedade inclusiva implica em mudanças na concepção de mundo e de homem, consequentemente, em uma nova compreensão sobre as diferenças humanas.

Ao longo da história, as diferenças foram entendidas de várias maneiras. Algumas receberam prestígio e outras foram descartadas de maneiras cruéis. Comunidades diferem na forma de viver suas normas e aceitação das diferenças. O que é pacificamente aceito por uma determinada comunidade, não é visto da mesma forma por outra, numa mesma época. Para Omote (2004):

> A história da Humanidade revela, desde os tempos remotos, as mais variadas formas de se lidar com determinadas diferenças, alvos de alguma atenção especial, seja de temor e medo, seja de admiração e veneração. As mais variadas diferenças receberam os mais variados tratamentos no decorrer dos milênios. Condições que eram alvos de profunda abominação, podendo até levar o seu portador a formas extremas de exclusão ou de eliminação, podem, em outros tempos, tornar-se alvos de afeição e simpatia. Outras condições podem ser repudiadas em algumas comunidades e aceitas em outras, na mesma época, recebendo interpretações e eventualmente designações diferentes. A homossexualidade, a prostituição, a cegueira e a bruxaria são alguns desses exemplos. As terríveis cicatrizes e mutilações resultantes de luta em batalhas podem levar os seus portadores, em tempos de guerra, à posição privilegiada de heróis e a serem admirados e valorizados. Mas, em tempos de recessão e dificuldades, após o término da guerra, podem perder seus privilégios e sofrer segregação e exclusão (OMOTE, 2004, p.289).

Nos estudos de Omote (2006), ressalta a compreensão do ser humano desconsiderando o caráter construtivo das diferenças. Enfatiza o caráter biológico da variedade humana da intra-espécie e da inter-espécie, destacando que todo animal da mesma espécie possui seus próprios patrimônios genéticos que estabelecem os limites de sua intervenção na natureza. Cada indivíduo guarda suas diferenças, mas se desenvolvem com o ambiente externo. Nos adaptamos a natureza e podemos explorá-la e mudá-la imprimindo nossa vontade a conformidade natural.

O homem passa a ser produto do meio e de suas diferenças como produtor dele. Essa relação entre o natural e cultural estabelece uma dialética muito complexa que não deve ceder a normativa imposto pela sociedade. Para Omote (2006, p.253) "o homem é naturalmente cultural e culturalmente biológico".

É inconcebível que além das diferenças especificas da espécie, releguemos a segundo plano, as diferenças relacionadas à raça, sexo, idade, cultura, classe social, religião etc., inclusive as condições geográficas do ambiente onde vive.

Nesse contexto, vamos considerar a teoria de Vygotsky que traz a importância do social e da cultura na formação do ser humano. Tendeiro (2013) enfatiza com base na abordagem Vygoskyana que:

> Em seus estudos, Vygotsky (1989) apontava que o ser humano só se desenvolve porque aprende através das relações que trava com outros seres humanos e o meio que o cerca. Segundo este ponto de visto, o homem é um ser social e histórico, que aprende e desenvolve de modo interativo com seu grupo. (TENDEIRO, 2013, p. 33)

Para Vygotsky, o funcionamento psicológico humano é construído nas relações socioculturais e estas, emergem das estruturas orgânicas. Segundo ele: "[...] a estrutura humana complexa é produto de um processo do desenvolvimento profundamente enraizado nas ligações entre história individual e história social" (VYGOTAKY,2003, p.40).

Considerando a formação do sujeito e a garantia de seus direitos enquanto pessoa, nas últimas décadas do século XX e primeiros anos do século XXI, estudiosos se debruçaram em discussões e debates para a elaboração de documentos que são considerados até hoje, os marcos legais da Educação Especial na Perspectiva da Educação Inclusiva.

Assim, finalizamos este capítulo sugerindo a leitura desses documentos, para entendimento dos desdobramentos até chegar nas leis brasileiras que assegura a Educação Especial e a Educação Inclusiva.

2.2. Educação Inclusiva

Baseados na legislação vigente, dizemos que, todas as crianças devem aprender juntas, independentemente de qualquer dificuldade ou diferença. É de responsabilidade da escola reconhecer e responder às necessidades de cada estudante, assumindo esse compromisso. Citamos Oliveira (2013, p. 26):

> O acesso à escola é condição necessária, isso já está garantido e tem ocorrido, mas não é suficiente. Para que a permanência também aconteça sem excluir o aluno do processo de aprendizagem, teremos que realizar mudanças desde a infraestrutura às novas concepções de aprendizagem, diminuindo as tensões criadas no campo da educação que são trazidas em dois elementos que devem ser estudados: a inclusão escolar pela escola e pelo professor e o desempenho escolar do aluno.

A inclusão escolar pela escola envolve a eliminação das barreiras, apoios e parcerias, além de equipamentos e materiais diversos, além disso, a construção de um projeto político pedagógico que contemple toda essa dimensão humana. Para Sassaki (2000), a segregação realizada pela sociedade para com as pessoas com deficiência, entendida no paradigma da inclusão social, define que:

> [...] a sociedade, com suas barreiras arquitetônicas, programáticas e atitudinais, impede inadvertida ou deliberadamente a participação plena das pessoas deficientes em seus ambientes físicos e sociais, exceto quando estas pessoas demonstrem estar em condições de conviver de acordo com os hoje (questionáveis) padrões da normalidade e de poder dar a sua contribuição à sociedade (SASSAKI, 2000, P.84).

A inclusão escolar pelo professor acontece quando este se mobiliza para o atendimento desde o acolhimento e diagnóstico, investigando todas as reais necessidades de cada um, proporcionando aprendizados e a participação efetiva em todas as atividades. A Política Nacional de Educação Especial na Perspectiva da Educação Inclusiva (2007), diz o seguinte:

> O atendimento educacional especializado identifica, elabora e organiza recursos pedagógicos e de acessibilidade que eliminem as barreiras para a plena participação dos alunos, considerando as suas necessidades específicas. As atividades desenvolvidas no atendimento educacional especializado diferenciam-se daquelas realizadas na sala de aula comum, não sendo substitutivas à escolarização. Esse atendimento complementa e/ou suplementa a formação dos alunos com vistas à autonomia e independência na escola e fora dela. (BRASIL, 2008, p. 16)

A educação inclusiva necessita de redirecionamento de suas políticas públicas que precisam ser reorganizadas em relação aos recursos para sua efetivação, para que todos possam desenvolver suas habilidades e competências em uma escola que ofereça oportunidades para a aprendizagem. Conforme Glat (2018), a Educação Inclusiva é uma concepção de escola que responde as necessidades da diversidade humana:

> Mais do que nova proposta educacional, a Educação Inclusiva pode ser considerada uma nova cultura escolar: uma concepção de escola que visa ao desenvolvimento de respostas educativas que atinjam a todos alunos (...). A proposta de Educação Inclusiva implica, portanto, um processo de reestruturação de todos os aspectos constitutivos da escola (Glat & Blanco, 2015, p.16-17, ênfase adicionada Apud Glat, 2018, p.11)

Educação de qualidade é um direito garantido pela lei e indica que a escola esteja aberta as adequações necessárias, comprometida com a construção da escola inclusiva para atender a todos. Ainda em Glat (2018):

> As mudanças requeridas em cada unidade escolar para a implementação de uma educação para a diversidade envolvem estrutura arquitetônica e de recursos, Projeto Político Pedagógico, organização curricular, metodologias de ensino, práticas pedagógicas, sistema de avalição, programação de atividades, etc.... No entanto, para além dessas transformações, o ingresso no ensino comum de alunos com deficiências trouxe, no seu bojo, uma reconfiguração substancial das relações interpessoais entre os diferentes atores escolares (GLAT, 2018,p.11).

A mudança implica em analisar o contexto, uma vez que, o acesso à escola é condição necessária, mas não suficiente, pois a permanência requer muito mais que apenas abrir as portas e deixar entrar. Para Omote (2008):

> A aplicação dos princípios da inclusão na Educação exige uma grande revisão nas práticas pedagógicas tradicionais. Há objetivos a serem cumpridos por todos os

> alunos e, considerando uma ampla diversidade de características e necessidades dos alunos, a escola precisa envidar um enorme esforço para rever suas velhas crenças, dogmas e práticas; precisa realizar também uma mudança de diferentes ordens, para atender com competência todo alunato com ampla variação em suas experiências pré-escolares e necessidades educacionais especiais e outras necessidades extraclasse (OMOTE, 2008, p.24).

A permanência na escola visa uma formação plena da pessoa humana. Para tanto, a escola precisa de uma série de mudanças, desde a modificação no prédio a uma nova lógica pedagógica e novas concepções do processo de aprendizagem. Oliveira (2013, p. 26):

> Quando pensamos em inclusão, devemos entender que ela ocorre com o atendimento individual ou grupal, e ambos ocorrem na instituição escola, seja ela comum ou especial. Mas as contradições estruturais para esse atendimento inviabilizam essa prática educativa [...]

Não há um modo homogêneo de aprender, mas sim diferentes formas de aprender. Barbosa, (2013):

> As defasagens de aprendizagem ganham cada dia mais visibilidade em nossas salas de aula e, embora os educandos as identifiquem, o enfrentamento e a busca por soluções é um trabalho árduo. A superação das defasagens não pode ser entendida como remediação, mas prevenção no sentido que ela precisa permear todo o processo educativo desde anos iniciais do Ciclo I (BARBOSA, 2013, p.44).

Neste sentido, precisamos repensar o projeto político pedagógico da escola, refazê-lo, revisitá-lo e reconstruí-lo, com vistas a esse universo. Ainda em Barbosa (2013, p. 44):

> Portanto, refletir sobre o fazer pedagógico cotidiano, pensar nas adequações curriculares, contribui com a criação e adaptação das metodologias e formas diferenciadas de trabalho, viabilizando a ampliação das ferramentas e recursos utilizados durante o processo educativo (BARBOSA, 2013, P.44).

Além disso, devemos pensar na formação docente tendo como eixo norteador a educação inclusiva e a educação especial na perspectiva inclusiva, pois o despreparo para o atendimento, dificulta a implementação do sistema Educacional Inclusivo. Tem que se dar a relativa importância e relevância em abordar a temática inclusão social em todas as suas dimensões durante a formação continuada dos professores dentro da escola, para que eles possam repensar o projeto pedagógico da escola e melhorar as práticas inclusivas. Sassaki (2008) defende a:

> "inclusão, como um paradigma de sociedade, é o processo pelo qual os sistemas sociais comuns são tornados adequados para toda a diversidade humana – composta por etnia, raça, língua, nacionalidade, gênero, orientação sexual, deficiência e outros atributos - com a participação das próprias pessoas na formulação e execução dessas adequações". Precisamos pensar uma escola para todos, que atenda a diversidade humana considerando todas as suas diferenças (SASSAKI, 2008, p.1).

Quando há debate sobre a prática pedagógica na perspectiva da educação inclusiva, paralelamente vai se colocando em pauta a legislação vigente que preconiza o cotidiano escolar. Em Brasil, 2007, as adaptações curriculares na educação inclusiva ocorrem mediante:

> o atendimento educacional especializado que disponibiliza programas de enriquecimento curricular, o ensino de linguagens e códigos específicos de comunicação e sinalização, ajudas técnicas e tecnologia assistiva, dentre outros. Ao longo de todo processo de escolarização, esse atendimento deve estar articulado com a proposta pedagógica do ensino comum (BRASIL, 2008, p. 16).

Pensando ainda no cotidiano da escola, muitos pesquisadores apontam em seus estudos, práticas pedagógicas bem-sucedidas. Glat, (2018) fala sobre essas experiencias:

> Existem diversos estudos envolvendo projetos, formais e informais, de colaboração entre professores especialistas e do ensino comum, a partir de diferentes estratégias: ensino colaborativo, biociência, co-ensino (Cappellini, 2004; Fontes, 2007; Mendes, 2011; Braun, 2012; Glat, 2016; Braun & Marin, 2016; Oliveira, 2018, entre outros), que vêm se mostrando profícuos na promoção da inclusão e da aprendizagem de alunos com deficiências. Esses autores mostram que, nas escolas onde essa ponte é construída, o processo flui mais naturalmente. A grande vantagem dessa modalidade de suporte, que não demanda espaço diferenciado de atendimento, é que ela "favorece o desenvolvimento e aprendizagem de todos os alunos, tendo ou não uma deficiência" (Glat & Pletsch, 2012, p. 24 Apud 2018, p.12).

2.3. Um cenário da INCLUSÃO no Brasil

O Brasil vem avançando no que diz respeito as políticas públicas inclusivas, porém as escolas, em sua maioria, ainda se apresentam conservadoras e seletivas, conservam suas expectativas, as quais nem sempre são inclusivas, principalmente no que diz respeito ao atendimento da pessoa com deficiência.

A escola não avançou como deveria e precisa repensar suas práticas excludentes. O atendimento especializado não pode substituir o ensino regular, mas, pensar em parcerias pode contribuir para suprir algumas necessidades do cotidiano escolar.

O século XX foi marcado por movimentos sociais em prol de uma sociedade inclusiva. Na educação pública muitos estudantes eram encaminhados às salas especiais que geravam mais exclusão nos espaços escolares.

Historicamente a escola vem tratando as diferenças, em especial, o deficiente, numa relação "a parte" do contexto escolar. Segundo Sassaki, 2008:

> A inclusão escolar é o processo de adequação da realidade das escolas à realidade do alunado que, por sua vez, deve representar toda a diversidade humana. Nenhum tipo de aluno poderá ser rejeitado pelas escolas. As escolas passam a ser chamadas inclusivas no momento em que decidem aprender com os alunos o que deve ser eliminado, modificado, substituído ou acrescentado nas seis áreas de acessibilidade (arquitetônica, atitudinal, comunicacional, metodológica, instrumental e programática), a fim de que cada aluno possa aprender pelo seu estilo de aprendizagem e com o uso de todas as suas inteligências. (SASSAKI, 2008 P.3-4)

No contexto mundial tivemos documentos importantes que provocaram algumas mudanças, tanto nas propostas de atendimento como no modo de conduzir os debates sobre a inclusão. A Declaração de Jomtien proclamada em 1990, destacou os altos índice de crianças e jovens fora da escola e propôs transformações educacionais. Uma delas foi a promoção do acesso e permanência de todos na escola regular.

A Declaração de Salamanca realizada na convenção de 1994 pela ONU com apoio da UNESCO, propôs discutir as necessidades educativas especiais problematizando as condições de acessibilidade no território escolar que, até então, não era nada acessível aos estudantes. Ela proclamou que as escolas regulares representam o caminho mais eficaz para combater as práticas discriminatórias.

Essa Declaração foi considerada um dos principais marcos legislativos na consolidação da Educação Inclusiva, preconizou a desinstitucionalização dos manicômios que surgiram nas décadas de 60 e 70, que realizava a internação de diversas pessoas pelas suas diferenças que não eram aceitas socialmente. Também o fim de outras instituições fechadas, que atendiam pessoas, cujo intuito, era eliminá-las dos sistemas de ensino regular, e tratava-se de indivíduos que apresentavam diferenças ou dificuldades de aprendizagem, e necessitavam para o seu desenvolvimento, apenas da eliminação das barreiras que os limitavam.

Um grandioso avanço nesse documento, é colocar a Educação Especial para dentro da "Educação Para Todos", e estabelecer a discussão sobre a garantia de inclusão da pessoa com deficiência nos sistemas de ensino, propondo que esta tome seu lugar de direito na escola e na sociedade.

O princípio fundamental preconizado pela Declaração, trata-se do acolhimento de todas as crianças no ensino regular, independentemente, de suas condições físicas, intelectuais, sociais, emocionais, linguísticas, etc. "As pessoas com necessidades educativas especiais devem ter acesso à escola regular, que deverá integrá-las numa pedagogia centrada na pessoa, capaz de atender a essas necessidades" SALAMANCA, 1994.

A Salamanca defende o paradigma da "inclusão" quando afirma que todos devem se beneficiar das escolas, que por sua vez, devem promover as respostas necessárias as diferenças individuais de cada estudante. "Cada criança tem características, interesses, capacidades e necessidades de aprendizagem que lhe são próprias" SALAMANCA, 1994.

Para Sassaki, 2008, ao longo do tempo os sistemas educacionais passaram por paradigmas que excluíram a pessoa com deficiência. Houve a exclusão total, período caracterizado pela falta de atenção dada a essas pessoas. Depois veio a segregação institucional, nesse momento, a pessoa com deficiência era retirada da escola e da sociedade, por acreditar que era incapaz de acessar a escola regular e conviver com os demais; inclusive as famílias se uniram e criaram escolas especiais ou se utilizavam de hospitais ou residências para o acolhimento de seus filhos para o atendimento na educação especial. Na sequência tivemos o paradigma da integração, eram avaliadas as capacidades de participação escolar e social da pessoa com deficiência. O foco da deficiência estava na própria pessoa, e por isso, passavam por um processo de reabilitação para, após sua recuperação, poder participar das classes regulares. Nessa fase, foram criadas as classes especiais e sala de recursos.

A partir da Salamanca, vem a ideia de inclusão, significa que todas as pessoas são incluídas nas salas comuns. O foco agora está nas barreiras que precisam ser eliminadas para acomodar a diversidade dos estudantes, e não mais na própria pessoa com deficiência. Nesse paradigma leva-se em consideração todas as necessidades de todos.

Assim, começou a gestação do processo de inclusão escolar no Brasil. A partir daí, foram promovidas diversas mudanças nas políticas públicas educacionais, na intenção de repensar o espaço escolar e identificar as diferentes formas inclusivas (geracional, territorial, étnico racial, de gênero, dentre outras).

A perspectiva inclusiva conduziu ao debate os rumos da Educação Especial, tornando fundamental a formação dos profissionais da educação (gestores e professores), e o financiamento de um aparato de apoio inclusivo reconhecendo a escola como o espaço genuíno para valorizar as diferenças.

O Ministério da Educação e Cultura – MEC, iluminado pela declaração mundial, elaborou um documento sobre a Política Nacional de Educação Especial, mas, infelizmente, ainda alicerçado no paradigma "integracionista", baseado no modelo clínico da deficiência. Neste paradigma a deficiência é entendida como uma questão médica e desconsidera a diversidade humana, como citamos acima. Essa atitude provocou um retrocesso nas ideias difundidas pela Declaração de Salamanca, pois o modelo da integração atesta a incapacidade da pessoa, sendo um impedimento à inclusão educacional e social. O documento (BRASIL, 1994) instituiu para o Atendimento Educacional Especial, as classes especiais, o atendimento domiciliar e hospitalar, as salas de recursos, o ensino itinerante e as oficinas pedagógicas para estimular as classes comuns e manter uma estrutura substitutiva da educação especial.

O acesso ao ensino regular foi condicionado a redução de anomalias e aproximação do estudante aos padrões estabelecidos como "normalidade".

O tratado nacional, ao invés de incluir, teve um efeito ainda mais segregador e excludente. Deveria promover as mudanças de concepção tão esperadas, porém, acabou por fortalecer os processos de exclusão social no país, impedindo os avanços da inclusão escolar.

Diante das contradições, a pessoa com deficiência passou a ser inserida na escola, mas, o seu atendimento continuou com mesmo olhar de antes, em sua diferença, no que ela não consegue ou não sabe fazer, e não no sujeito em questão, e no que ele pode fazer.

Os fatores orgânicos continuaram a ser marcados tão fortemente que foram ignoradas as possibilidades de desenvolvimento cognitivo que a pessoa pudesse ter em seu processo de aprendizagem. Não ocorreu alteração nas metodologias capazes de promover a inserção do sujeito nas aprendizagens.

A escola que trabalha na perspectiva inclusiva garante um ensino significativo, onde o estudante é sujeito de direito, é o foco central da ação educativa e deve ter acesso ao conjunto de conhecimentos sistematizados, adequados e adaptados para atender as suas reais necessidades. Isso, respeitando as suas potencialidades e limitações, independentemente, de etnia, sexo, idade, deficiência, condição social ou qualquer outra situação que possa apresentar. Oliveira (2013), ressalta com base na carta para o terceiro milênio aprovada em 1999 e na Convenção de Guatemala promulgada em 2001 que: "A escola é um dos principais espaços para conviver com a diversidade humana e buscar uma forma harmoniosa para desenvolver a consciência de cidadania e dos direitos" (OLIVEIRA, 2013, p.19).

A década de 90 foi marcada por esses documentos importantes, que criaram um movimento mundial em torno do reconhecimento de um estado de direito a todos da família humana, e apontam às escolas de educação regular, como sendo o caminho à inclusão social, apesar do entendimento equivocado de alguns.

Além da dicotomia no entendimento sobre a inclusão escolar, não podemos esquecer que no final do século XX, o brasil vivenciava a política Neoliberal que acentuou fortemente a exclusão. Fatores como a globalização, a competitividade aliada a maior disciplina e salários baixos, não priorizavam os direitos dos cidadãos.

As políticas públicas que ocorram na esfera dos direitos neste período, não repararam a exclusão socioeconômica que apareceu com uma nova face. A inclusão social só pode ser entendida a partir da discussão do seu oposto, "a exclusão", Pereira (1998), define o conceito de exclusão social:

> [...] um fenômeno moderno, ou melhor, pós-moderno, que no bojo do processo de globalização da economia e de desregulamentação do trabalho, da produção e da proteção social, vem impondo um novo tipo de clivagem entre nações e entre indivíduos e grupos dentro de uma mesma nação. Esta clivagem não aponta tão somente para a tradicional divisão entre ricos e pobres ou entre os que têm e os que não têm bens e riquezas, mas indica principalmente a separação entre os que estão dentro e os que estão fora do circuito das possibilidades de acesso usufruto de bens, serviços e direitos que constituem patrimônio de todos (PEREIRA, 1998).

Excluir significa, dentre outras coisas, [...] pôr de lado, abandonar; pôr fora, eliminar (HOLANDA, 1993. p.140). Os excluídos são todos os que se encontram do lado de fora de um contexto, não pertencem a um determinado grupo, por isso, são postos fora, são eliminados. A exclusão é social porque está presente nas mais variadas formas de relações: econômicas, sociais, culturais e políticas da sociedade, ela é social, porque a privação é coletiva e existe em graus e formas diferentes.

A exclusão ocorre também pela diferenciação, influenciada pelo grau de tolerância ou não, com as questões de gênero, etnia, opção sexual, religiosa, deficiência, entre outras. Segundo Martins:

> [...] a sociedade que exclui é a mesma sociedade que inclui e integra, que cria formas também desumanas de participação, na medida em que delas se faz condição de privilégios e não de direitos (MARTINS, 2002. p.11).

Ainda em Martins:

> A exclusão moderna é um problema social porque abrange a todos: a uns porque os priva do básico para viver com dignidade, como cidadãos; outros porque lhes impõe o terror da incerteza quanto ao próprio destino e ao destino dos filhos e dos próximos. A verdadeira exclusão está na desumanização própria da sociedade contemporânea que, ou nos torna panfletários na mentalidade, ou nos torna indiferentes em relação aos seus indícios visíveis no sorriso pálido dos que não têm um teto, não têm trabalho e sobretudo, não têm esperança (MARTINS, 2002. p.21)

Para enfrentar os processos de exclusão social, precisamos criar estratégias de inclusão social, isto, com a implementação de políticas públicas.

Os debates são retomados em 2007, a ONU realizou em Nova Iorque, a Convenção sobre os Direitos das Pessoas com Deficiência, revendo e aprimorando as ideias das declarações anteriores. O documento foi um marco histórico da Educação Especial que foi promulgada no Brasil como emenda constitucional pelos, Decreto Legislativo 186/2008 e Decreto Executivo nº6949/2009, que se tornaram um pano de fundo às políticas públicas em defesa do desenvolvimento da autonomia e participação plena para todos, em todos os aspectos da vida.

A convenção preconizou o propósito de promover, proteger e assegurar equidade de direitos humanos, e as liberdades fundamentais para todas as pessoas com deficiência, e respeito pela sua dignidade.

Definiu quem são as pessoas com deficiência. São aquelas que têm impedimentos de longo prazo, de natureza física, mental, intelectual ou sensorial, que em interação com as diversas barreiras, podem obstruir sua participação plena e efetiva na sociedade em iguais condições com as demais pessoas.

As barreiras de acessibilidade podem ser arquitetônicas, no transporte, na comunicação e informação, nas tecnológicas e nas atitudes.

Para a plena participação da pessoa com deficiência em todos os aspectos da vida, faz-se necessário, a promoção da acessibilidade dos espaços e da comunicação, ou seja, a eliminação das barreiras, assegurando seu acesso à igualdade de oportunidades com as demais pessoas.

Apesar de todas as convenções, declarações, tratados, leis e documentos que asseguram a garantia da Educação para Todos, iniciamos o século XXI, com tantos questionamentos a respeito da inclusão, principalmente, pelo antagonismo vivido entre os especialistas e a legislação. Ao mesmo tempo em que problematizam a temática, reduzem a implementação de políticas públicas educacionais, que seriam capazes de contribuir para as mudanças previstas nos acordos mundiais.

A dúbia interpretação sobre os paradigmas da inclusão e da integração, que ocorre entre os especialistas, fragiliza a construção de um sistema educacional inclusivo. Essa dualidade de intenções é notória, percebe-se pelas práticas educacionais realizadas nas escolas. O discurso da inclusão é inovador e conclama a educação inclusiva, e o discurso da integração nos leva ao conservadorismo, para um modelo classificatório que mantém a educação especial sem avanços. Esse segundo é marcado pela ausência da ressignificação pretendida nos espaços regulares de aprendizagem, e estigmatiza o estudante com deficiência, como incapaz de alcançar os objetivos educacionais estabelecidos nos acordos mundiais.

Um ponto positivo nesse cenário foi o aumento dos debates, que criaram uma conjuntura nova e favorável à definição das políticas públicas fundamentais para mudar o paradigma da integração para a inclusão social. Segundo Tendeiro, "Este novo paradigma educacional, contudo, é bastante recente. Somente a partir do século passado a educação passou a ter um novo olhar para as pessoas com deficiência" (Tendeiro, 2013, p. 32).

Neste contexto, surge a construção de novos marcos legais da Educação Especial na perspectiva inclusiva, pelo Ministério da Educação e Cultura. A legislação vem assegurar a educação regular para todos, definindo a atuação das esferas governamentais, e o apoio de cada uma delas à transformação dos sistemas de ensino, em Sistemas Educacionais Inclusivos. Foram publicados decretos, leis, resoluções, notas técnicas, pareceres entre outros documentos oficiais para a efetivação e implementação dos compromissos firmados mundialmente.

A ideia é atender as demandas dos sistemas de ensino do país, auxiliar nas discussões e apoiar as ações e programas voltados as transformações das políticas educacionais voltadas à inclusão escolar. Agora, com um olhar mais sensível às pessoas com deficiência, transtornos globais do desenvolvimento e altas habilidades/superdotação.

Pensar que no início deste século, a luta ainda era no combate e enfrentamento sobre a estrutura segregativa das instituições de ensino, pelo alto índice de pessoas com deficiência em idade escolar fora das escolas, e pelo fato dos estudantes da Educação Especial estarem, majoritariamente, nas classes especiais.

Outra conquista foi a mudança na nomenclatura com relação em como chamar a pessoa com deficiência. Existiram vários termos, um deles foi "pessoa portadora de deficiência", como se carregassem a deficiência por um determinado espaço de tempo, e essa condição fosse um impedimento para o desenvolvimento de sua autonomia nas relações em sociedade.

Sassaki (1997), traz uma grande contribuição para definir "inclusão social". Para o autor, inclusão e integração não significam a mesma coisa como possa parecer. A integração é a inserção da pessoa com deficiência já instruída para conviver em sociedade, enquanto a inclusão é entendida como a modificação da sociedade como pré-requisito, para que essa mesma pessoa possa buscar desenvolvimento e exercer a cidadania. Segundo ele, a inclusão social é um processo que contribui para um novo tipo de sociedade que será construída nos espaços físicos das cidades, no interior das políticas públicas e na mentalidade de todas as pessoas.

As conquistas vão rumo a superação da dimensão histórica da educação especial, da segregação e integração à inclusão. Provocam mudanças no sistema educacional, investindo no processo de transformação das práticas escolares, que possibilitam efetivas mudanças conceituais, em uma pedagogia mais eficiente e coerente com o propósito de tornar efetivo o direito de todos à educação, organizando o Sistema Educacional em Sistema Educacional Inclusivo, já previsto na Constituição Federal de 1988.

Formar na perspectiva da Educação Inclusiva requer novos aportes teóricos, muito debate e reflexão sobre a ideia de diversidade, diferenças e equidade. A valorização da diversidade humana, desloca do indivíduo para a coletividade inclusiva, traduzida na necessidade da eliminação das barreiras que limitam a ação de cada um. Atender a diversidade e as diferença, apresentam-se como características democrática e inclusiva, além de ser um elemento de heterogeneidade essencial para o aprimoramento de relações, de coletividades e de instituições. O professor nesse contexto, não deve ser mero executor de uma política pública, mas sim, ser sujeito do processo pedagógico, refletindo, discutindo e aprimorando suas práticas educativas com vistas à inclusão de todos os estudantes.

A educação inclusiva propõe um movimento à construção de uma escola para todos, baseada nos princípios da educação colaborativa, visando o exercício das competências de comunicação, negociação, cooperação, integração, resolução de conflitos e de planejamento flexível, idealizado no paradigma da Inclusão.

De acordo com Omote et. Al. (2005), a capacitação dos professores e a compreensão das características e necessidades do estudante com deficiência são imprescindíveis, para a utilização de recursos para atendê-las.

Pesquisas e estudos devem ser ampliados, considerando os dados obtidos sobre as atitudes sociais em relação à inclusão, e investir na construção de possíveis intervenções que visem mudanças dessas atitudes. Trata-se de uma nova visão de ensino e de aprendizagem, fundada em atitudes favoráveis à inclusão.

A mudança é possível, se houver investimento na transformação das relações humanas dos atores escolares, tanto no âmbito político, administrativo como no didático pedagógico. Das ideias e das atitudes mantidas nas inter-relações que se dão no interior da escola e na construção de um novo projeto político pedagógico com princípios e objetivos claros que atendam todas as necessidades reais de cada educando, redesenhando o político e o pedagógico para inclusão de TODOS nos sistemas de ensino, envolvendo toda comunidade escolar nesse processo de mudança.

2.3.1. Deficiência no Brasil

No Brasil muitas coisas mudaram a partir das mudanças na legislação e a compreensão dos paradigmas da deficiência, inicialmente, consideramos duas normas internacionais como leis nacionais, a Convenção nº 159/83 da Organização Internacional do Trabalho (OIT), publicada no país em 1998 como, Resolução da Assembleia da República n.º 63/98 Convenção n.º 159 da Organização Internacional do Trabalho, respeitante à readaptação profissional e ao emprego de deficientes e a Convenção da Guatemala, que foi promulgada pelo Decreto nº 3.956/01. Ambas conceituam deficiência, para fins de proteção legal, como uma limitação física, mental, sensorial ou múltipla, que cause incapacidade funcional para o exercício de atividades normais da vida causando dificuldades para inserção social. Toda deficiência intelectual apresenta dificuldade de aprendizagem, porém nem toda necessidade educacional especial é uma deficiência intelectual.

No Brasil consideramos a definição de deficiência intelectual segundo a Associação Americana de Incapacidades Intelectuais e do Desenvolvimento (AAIDD, 2006):

> A deficiência intelectual é uma incapacidade caracterizada por uma limitação significativa no funcionamento intelectual e no comportamento adaptativo, expressa em habilidades conceituais, sociais e práticas. Essa incapacidade origina-se antes dos 18 anos de idade. A compreensão completa e exata da deficiência intelectual inclui perceber que tal condição se refere a um estado particular de funcionamento, o qual se inicia na infância e com muitas dimensões e que, além disso, pode ser beneficiado por suportes individuais.

Ainda segundo a AAIDD (2006):

> A incapacidade intelectual relaciona-se a uma limitação pessoal que representa desvantagem substancial com respeito ao funcionamento em sociedade, deve ser considerada dentro de um contexto ambiental.

Partimos de conceitos que foram visionários nos textos legislativos, mas as contradições nos entendimentos por especialistas criaram grandes retrocessos na história da Educação Especial e no Atendimento Educacional Especializado.

2.4. Educação Especial e Inclusiva: Acordos internacionais sobre Inclusão

A intenção deste capítulo, em primeiro lugar, é conhecer os acordos de ordem mundial descritos em cartas universais, pelos países partes nas convenções internacionais, realizadas pela Organização das Nações Unidas – ONU, e compreender como estes compromissos chegaram no Brasil.

Em segundo, verificar em documentos oficiais, as ações e programas à implementação de Sistemas Educacionais Inclusivos no país.

Destacamos alguns documentos mundiais que constituíram um marco histórico, e não poderiam ficar de fora dessa pequena reflexão, que busca entendimento sobre a construção de uma escola inclusiva. São eles: a Declaração Universal dos Direitos humanos de 1948; a Declaração Mundial de Educação para Todos em 1990; a Conferência Mundial sobre Necessidades Educacionais Especiais: acesso e qualidade, a Declaração de Salamanca de 1994; a Convenção Interamericana para eliminação de Todas as Formas de Discriminação contra as Pessoas Portadoras de Deficiência que ocorreu na Guatemala em 1999; a Carta do Terceiro Milênio promulgada em 1999, e a Convenção que ocorreu em Nova Iorque em 2007.

Na sequência, vamos entender um pouco sobre cada um desses documentos.

O movimento mundial pela inclusão desencadeou uma série de ações que deram origens a alguns documentos que norteiam os direitos humanos da pessoa, baseados nos princípios de igualdade de oportunidades em todos os setores: político, social, cultural e educacional, além disso, defende o direito à vida e a liberdade, sem discriminação, independentemente, de raça, sexo, nacionalidade, etnia, religião ou qualquer outra condição, conforme previsto na Declaração Universal dos Direitos Humanos (ONU, 1948).

Este documento reconhece a dignidade inerente a todos os membros da família humana, sendo considerada a carta máxima da inspiração do Homem, e foi adotado pela Organização das Nações Unidas (ONU) como norteador de todas as discussões que envolvem os seres humanos. Segundo Tonello, 2001:

> O primeiro, e talvez o mais importante, acontecimento da história no campo dos direitos do ser humano foi a Declaração Universal dos Direitos Humanos adotada pela Organização das Nações Unidas (ONU), no dia 10 de dezembro de 1948. Apesar de não constituir uma lei, esse documento é utilizado para nortear boa parte das decisões tomadas pela comunidade internacional. É um texto de referência ética, que estabelece os direitos naturais de todos os seres humanos, independentemente de nacionalidade, cor, sexo, orientação religiosa e política (TONELLO, 2001).

A redação da Declaração Universal dos Direitos Humanos, passou a ser pano de fundo na elaboração de todos os documentos que orientam a convivência humana no planeta terra.

Com base nestes princípios, ocorreu na década de 90 a Conferência Mundial sobre Educação para Todos, a Declaração de Jomtien de 1990, com o objetivo de satisfazer as necessidades básicas de aprendizagem para todos, no intuito, que as pessoas possam desenvolver suas potencialidades e viver com dignidade. O enfoque desta declaração foi a universalização do acesso à educação com equidade; a concentrar de esforços à aprendizagem, em um ambiente adequado; a ampliação da educação básica e fortalecimento das alianças (parcerias), para garantir o atendimento para todos sem qualquer distinção. A concepção defendida por esse documento é de que o desenvolvimento humano depende da educação.

Em 1994, a conferência ocorrida na Espanha, a Declaração de Salamanca, vem reafirmar os compromissos de Educação Para Todos quando reconhece as necessidades educacionais especiais, acesso e qualidade. O documento é um marco internacional no contexto das garantias dos direitos das pessoas com necessidades educacionais especiais e deficiências. A declaração defende o paradigma da inclusão e propõe a formulação de novas políticas públicas, definindo as diretrizes de ação no Plano Nacional de Educação para a construção de um sistema educacional inclusivo.

Em BRASIL (2010, p. 12), vemos a Política Nacional de Educação Especial, documento que ratifica a Declaração de Salamanca no país:

> Em 1994, é publicada a Política Nacional de Educação Especial, orientando o "processo instrucional", que condiciona o acesso às classes comuns do ensino regular àqueles que (...) possuem condições de acompanhar e desenvolver as atividades curriculares programadas do ensino comum, no mesmo ritmo que os alunos ditos normais (BRASIL 2010, p. 12).

A Convenção Interamericana para Eliminação de Todas as Formas de Discriminação contra as Pessoas Portadoras de Deficiência, a Declaração de Guatemala, que ocorreu em 1999, foi um acontecimento muito importante do final do século XX. No Brasil, ela foi ratificada pelo Decreto 3956/01 e veio afirmar os direitos das pessoas com deficiência e abolir o termo "portador de deficiência". Fortaleceu a necessidade da elaboração e implantação de políticas públicas no campo da inclusão, o respeito à saúde e a preparação profissional.

Inicia-se aqui um novo conceito, ao invés de Educação Especial, evoca a Educação Inclusiva trazendo a ideia de sistema inclusivo com formação especializada para tal. Em BRASIL (2010, p. 14):

> Em 2003 o Ministério da Educação e Cultura (MEC) implementa o programa "Educação Inclusiva" com fortes transformações para os sistemas educacionais do país. Em 2004 o Ministério Público Federal publica o documento O Acesso de Alunos com Deficiência às Escolas e Classes Comuns da Rede Regular, com o objetivo de disseminar os conceitos e diretrizes mundiais para a inclusão, reafirmando o direito e os benefícios da escolarização de alunos com e sem deficiência nas turmas do ensino regular (BRASIL 2010, p. 14).

A Convenção de Guatemala reafirma que as pessoas com deficiência têm os mesmos direitos humanos e liberdades fundamentais iguais aos das outras pessoas, principalmente de não ser discriminada por causa da deficiência, sendo a dignidade e a igualdade direito de todo ser humano.

Ainda em 1999, foi aprovada a Carta do Terceiro Milênio, em Londres na Grã-Bretanha. Ela reafirma o compromisso de tornar real o reconhecimento e a proteção dos direitos humanos, tão negligenciados nas diversas sociedades do mundo, mesmo depois da elaboração dos documentos anteriores falarem tanto sobre o assunto.

A Carta determinou que para o terceiro milênio os direitos humanos de cada pessoa, em qualquer sociedade, devem ser reconhecidos e protegidos. O tratado busca o acesso e a inclusão das pessoas com deficiência em um mundo onde a igualdade de oportunidades se torne natural. No texto original consta que:

> Busca-se um mundo onde oportunidades iguais para pessoas com deficiência se tornem consequência natural de políticas e leis que apoiem o acesso e a plena inclusão em todos os aspectos da sociedade. O progresso científico e social no século XX aumentou a compreensão sobre o valor único e inviolável de cada vida. Contudo, a ignorância, o preconceito, a superstição e o medo ainda dominam grande parte das respostas da sociedade à deficiência (FRAGMENTO DA CARTA DO TERCEIRO MILÊNIO, 1999).

O avanço científico e social durante o século XX, faz aumentar a compreensão do valor inviolável de cada vida. Porém, a discriminação e preconceito ainda vem segregando e marginalizando as pessoas com deficiência nas diversas sociedades do mundo. A carta do Terceiro Milênio preconiza a tolerância em relação às diferenças e aponta para o grande número de pessoas com deficiência ainda excluídas dos processos sociais.

Com base em análise dos resultados obtidos dos últimos acordos que foram sem muito sucesso, a carta determinou que para o século XXI, precisamos insistir nos direitos humanos e civis para todos. Realizar a eliminação de todas as barreiras impeditivas para o acesso aos ambientes físicos, sociais, culturais, transporte, informação, tecnologia, comunicação, educação, [...], ou seja, qualquer impedimento à inclusão, considerando que o acesso estimulará a participação social e o compartilhamento das belezas da Terra e do Universo.

No Terceiro Milênio, precisamos aceitar a deficiência como uma parte comum da variada condição humana, considerando o grande número de pessoas com deficiência que existem no mundo. Citamos BRASIL (2010, p.13):

> Os sistemas de ensino devem matricular todos os alunos, cabendo às escolas organizarem-se para o atendimento aos educandos com necessidades educacionais especiais, assegurando as condições necessárias para uma educação de qualidade para todos. (MEC/SEESP, 2010).

Ainda em BRASIL (2010), o relato da trajetória de 2007, com a Convenção sobre os Direitos das Pessoas com Deficiência, que ocorreu na sede da (ONU) em Nova Iorque, veio consolidar o avanço em termos de legislação para a pessoa com deficiência. O Brasil sendo um dos estados partes nesse acordo, assume o compromisso mundial com a Educação Inclusiva. Conforme, Tendeiro (2013, p. 36):

> [...] As medidas adotadas deverão garantir que as pessoas com deficiência não sejam excluídas do sistema educacional sob alegação de deficiência; também deverá assegurar que as pessoas com deficiência possam ter acesso ao ensino fundamental inclusivo, de qualidade e gratuito, em igualdade de condições com as demais pessoas na comunidade em que vivem (Tendeiro 2013, p. 36).

Na prática, esse direito cabe a todos os grupos discriminados por qualquer motivo, sejam eles, deficientes, mulheres, crianças, refugiados, ou por questões de etnias, negros ou indígenas, por exemplo, privados dos seus direitos, devem ser incluídos sem distinção, lembrando o mundo que tais pessoas devem ser protegidas à luz dos direitos humanos.

Nos dias de hoje foi comprovado que nem toda condição que limita a ação do homem pode ser interpretada como algo desvantajoso e negativo. Os direitos humanos estão estritamente ligados à diversidade e o respeito às diferenças, impulsionando as ações cidadãs à subjetividade do sujeito, ou seja, ao reconhecimento dos direitos enquanto família humana.

Assim, criar políticas afirmativas de respeito à diversidade e às diferenças, contribuem para a construção de contextos sociais inclusivos. Ou seja, um cenário Ético dos direitos humanos garante o acesso à participação de todos, a todas as oportunidades. Segundo Barbosa (2013, p. 45):

> Uma escola inclusiva, de fato, precisa estar atenta às particularidades de cada indivíduo, proporcionando-lhe condições de ensino e aprendizagem que vise o seu desenvolvimento como pessoa e como cidadão que vive em uma sociedade repleta de desafios (Barbosa 2013, p. 45).

A identidade pessoal e social é essencial para o desenvolvimento de todo indivíduo enquanto humano e cidadão. A existência comunitária é fruto das relações sociais e a identidade pessoal é específica de cada um. Reconhecer o outro, traduz o direito da igualdade e respeito das diferenças com equidade. Como diz Oliveira (2015, p. 30): "Abaixo a escola que trata o educando como um número [...] abaixo a escola que não se preocupa com uma formação cidadã".

O princípio da igualdade assumido na constituição Federal do Brasil, é o pilar de uma sociedade democrática e justa. Segundo seu próprio texto:

Todos são iguais perante a lei, sem distinção de qualquer natureza, garantindo-se aos brasileiros e aos estrangeiros, residentes no país, à liberdade, à igualdade, à segurança, e a propriedade (CFB Caput do artigo 5º 1988).

Atualmente em várias partes do mundo se vive o paradigma Empowerment, ou seja, da autonomia. Alguns estudiosos o chamam de "empoderamento", pois, dão poder de decisão à pessoa com deficiência ou para a família, em decidir sobre sua educação. Na prática, é a provisão de serviços, porém, no Brasil ainda não incorporamos nem o paradigma da inclusão. Segundo Sassaki (2008, p. 3-4):

> Quanto às práticas integrativas, anote-se aqui a diferença entre integração e inclusão. A integração escolar é o processo tradicional de adequação do aluno às estruturas física, administrativa, curricular, pedagógica e política da escola. A integração trabalha com o pressuposto de que o aluno precisa ser capaz de aprender no nível pré-estabelecido pelo sistema de ensino. No caso de alunos com deficiência (mental, auditiva, visual, física ou múltipla), a escola comum condicionava a sua aceitação a certa prontidão que somente as escolas especiais (e, em alguns casos, as classes especiais) poderiam conseguir. E mesmo aceitos sob esta condição, estes alunos ficavam sujeitos a ser devolvidos às classes ou escolas especiais se mais tarde viessem a apresentar dificuldades de aprendizagem e/ou de relacionamento. (Sassaki, 2008, p. 3-4).

A pessoa com deficiência tinha que atender às exigências previstas pelo sistema para acompanhar o currículo escolar e o convívio social, ou estava condenada a viver exclusa dos grupos tidos como "normal". Exemplificando o conceito da inclusão com Sassaki (2008):

> A inclusão escolar é o processo de adequação da realidade das escolas à realidade do alunado que, por sua

vez, deve representar toda a diversidade humana. Nenhum tipo de aluno poderá ser rejeitado pelas escolas. As escolas passam a ser chamadas inclusivas quando decidem aprender com os alunos o que deve ser eliminado, modificado, substituído ou acrescentado nas seis áreas de acessibilidade (arquitetônica, atitudinal, comunicacional, metodológica, instrumental e programática), a fim de que cada aluno possa aprender pelo seu estilo de aprendizagem e com o uso de todas as suas inteligências.

Vale ressaltar que a Declaração realizada em Nova Iorque recebeu aqui no Brasil, status de Emenda Constitucional e, a partir dela, se concretizou o Estatuto da pessoa com Deficiência que entrou em vigor em 2016.

Sobre o Estatuto da pessoa com Deficiência, ele já vinha sendo pensado desde o ano 2000, quando surgiu o primeiro esboço do projeto. A ideia era alterar o cenário de exclusão social e a falta de acessibilidade das pessoas com deficiência no país e condensar em um único instrumento, todo aparato legislativo. Em 2003, o projeto foi rejeitado pelo senado por duas vezes. Em 2006, foi retomado no senado pelo antes, deputado federal que deu origem ao Estatuto e que no momento exercia o cargo de senador, mas ainda assim, não foi aprovado. Em 2009 o Congresso Nacional aprovou o Decreto nº6949/09, que ratificou a convenção sobre os Direitos da Pessoa com Deficiência da ONU de 2007 e a tornou norma constitucional no Brasil. Assim o nosso país, se comprometeu a implementar as medidas garantidas na convenção, dentre elas, a forma de se referir à pessoa com deficiência. A convenção de Nova Yorque adotou o termo "pessoa com deficiência", entendendo que a concepção de "deficiência" é o resultado da interação da pessoa com o meio, e não apenas responsabilidade dela, como se pensava antes.

Diante das novas demandas a favor da inclusão, em 2015, ocorreu alteração do nome do documento, de Estatuto da Pessoa Portadora de Deficiência para Estatuto da Pessoa com Deficiência e foi aprovado. O Projeto Lei 7699/06 foi convertido na Lei nº 13.146 de 2015, instituiu o documento que ficou conhecido como a Lei Brasileira de Inclusão. A finalidade da LBI consiste em garantir e promover os direitos e liberdades fundamentais das Pessoas com Deficiência, visando a sua participação ativa na sociedade e, para tanto, previu oportunidades iguais a todos, a quebra das barreiras comportamentais em relação à deficiência e a busca por políticas legais que favoreçam a inclusão. Organizou assim, um conjunto de normas e valores que determinam que toda pessoa com deficiência tem direito a igualdade com equidade e não deve sofrer qualquer tipo de discriminação.

O estatuto teve uma demora significativa entre sua primeira versão e a publicação. O primeiro texto ocorreu em 2000 e a publicação em 2015, fato este que provocou a demora no cumprimento das regras estabelecidas em sua redação. O estatuto foi constituído em três partes: a primeira instituiu os direitos fundamentais da pessoa com deficiência e as obrigações de cada esfera governamental para implementação do sistema Educacional Inclusivo. A segunda parte, trouxe as questões inerentes à acessibilidade e inclui as tecnologias assistivas. A terceira previu a punição para aqueles que deixarem de cumprir as exigências estabelecidas na lei.

2.5. Legislação sobre a inclusão no Brasil

Acima já falamos um pouco sobre os desdobramentos legislativos brasileiros, mas sentimos a necessidade de corroborar um pouco mais sobre as leis Brasileiras de inclusão.

No Brasil, apesar da educação pública ser laica, falta um trabalho efetivo na socialização dos estudantes, de forma que aprendam a respeitar as diferenças culturais, raciais, religiosas, etc. Ter na escola ações e projetos que discutam valores como respeito e tolerância às especificidades de cada um. "Lidar" com a diferença e a diversidade tem sido algo bem complicado. Tolerância para nós, se traduz conforme a declaração de princípios sobre a tolerância que afirma que tolerância não é indulgência nem indiferença e sugere que seja: "o respeito, a aceitação e o apreço da riqueza e da diversidade das culturas de nosso mundo, de nossos modos de expressão e de nossas maneiras de exprimir nossa qualidade de seres humanos" (UNESCO, 1995).

Ainda hoje, a pessoa com deficiência não recebe os mesmos direitos das pessoas tidas como "normais", na maioria das escolas. Citaremos alguns documentos que foram elaborados à implementação da inclusão social, com objetivo de construir um histórico da legislação brasileira e entender melhor as mudanças que ocorreram nas leis e quais os seus motivos.

Como já foi dito, a década de 90 fez toda diferença no cenário da inclusão, mundialmente. No Brasil, a Declaração de Salamanca de 1994, provocou muitas mudanças no atendimento escolar, mas também causou muita divergência por parte dos especialistas, na interpretação do documento.

A declaração foi traduzida em (Brasil,1994), normalizada pela Política Nacional de Educação especial vigente na época. Foi reeditada em (Brasil, 1997). A tradução teve edição nova, reiterada pelas novas políticas inclusivas e com investimento na Educação Profissional e Tecnologia e no Ensino Superior. Quando se falava em Educação Inclusiva, somente o estudante com deficiência estava sendo considerado. Reconheceu-se a necessidade de demarcar o público da Educação Especial e da Educação Inclusiva, além disso, entender que uma não é sinônimo da outra.

A Salamanca utilizou o termo "Necessidades Educativas Especiais" e não Educação Especial. O objetivo foi definir políticas, ações governamentais e de outras organizações em prol da inclusão.

Em 2008, a nova publicação destacou-se como Política Nacional de Educação Especial na perspectiva Inclusiva. Ainda assim, a confusão se acentuou, estudantes com necessidades educativas especiais excluiu o público da Educação Especial pelo antagonismo da conceituação, há inclusão e exclusão ao mesmo tempo. Neste contexto, a Educação Inclusiva ganha força no âmbito da Educação Especial. Ela orientou, mas não abarcou o cenário das desigualdades sociais e econômicas do país.

Em 1999, o Decreto nº 3298/99, regulamentou a lei nº7853/89 que dispôs sobre a Política Nacional para integração da Pessoa Portadora de Deficiência e consolidou as normas de proteção para assegurar plenamente a integração da pessoa com deficiência no contexto socioeconômico e cultural do país. Na educação, a Educação Especial foi considerada como área de conhecimento, uma modalidade transversal que perpassa todos os níveis e modalidade de ensino como complemento do ensino regular.

Em 2001, o Plano Nacional de Educação (PNE) instituído pela Lei nº10.172/01, aponta quase 30 metas e objetivos para as crianças/estudantes com deficiência. A Educação Especial é entendida como modalidade de educação escolar, com a promoção em todos os níveis de ensino, com garantia de vaga. A última versão do PNE, aprovado pela Lei nº 13.005/14, define diretrizes, planos e metas enquanto políticas educacionais para o decênio de 2014 – 2024.

> Universalizar, para a população de 4 (quatro) a 17 (dezessete) anos com deficiência, transtornos globais do

> desenvolvimento e altas habilidades ou superdotação, o acesso à educação básica e ao atendimento educacional especializado, preferencialmente na rede regular de ensino, com a garantia de sistema educacional inclusivo, de salas de recursos multifuncionais, classes, escolas ou serviços especializados, públicos ou conveniados (PNE, 2014, meta 4).

O PNE também enfatiza que o acesso à educação básica e ao AtendimentOos na rede pública de ensino regular. Atendimento de forma complementar ou suplementar à formação do estudante, realizado no contraturno, preferencialmente em salas de recursos multifuncionais das escolas regulares. Organiza o apoio técnico e financeiro que deverá ser prestado pela União, aos sistemas públicos de ensino. Define ainda, que o trabalho do AEE deve estar integrado ao Projeto Político Pedagógico da escola. Essa premissa atende também o disposto no inciso III, do art. 208, da Constituição Federal; o parágrafo único, do artigo 60, da Lei nº 9.394/96 LDBEN e o parágrafo 2º, do artigo 9º, da Lei nº 11.494/07.

Na Resolução nº 4 CNE/CEB/09 são previstas as Diretrizes Educacionais para o Atendimento Educacional Especializado na Educação Básica na Modalidade Educação Especial, definiu quem é o público-alvo para o atendimento e faz cumprir o Decreto nº 6.571/08, decreto esse, que foi revogado em 2011 e substituído pelo Decreto 7611/11, que traz algumas alterações em relação ao documento anterior, estabelecendo novas diretrizes para a Educação Especial. O decreto determina que o sistema de ensino seja inclusivo em todos os níveis e que o aprendizado seja para toda a vida. Que o ensino fundamental seja gratuito e compulsório, asseguradas as adaptações razoáveis de acordo com as necessidades individuais e medidas de apoio individualizadas e efetivas. Que o ambiente escolar maximize as aprendizagens, de acordo com a meta de inclusão plenamente, na escola regular de ensino.

A Nota Técnica nº 62/11 - MEC/SECADI/DPEE, foi elaborada para orientar os sistemas de ensino sobre como implantar o decreto nº 7611/11.

A Convenção sobre Direitos das Pessoas com Deficiência (ONU 2007), passou a ser o novo marco histórico da Educação Especial, por retomar princípios dos tratados anteriores. Ela está ratificada no Brasil como emenda constitucional, conforme definido no parágrafo 3º, do artigo 5º da Constituição Federal de 1988:

> § 3º Os tratados e convenções internacionais sobre direitos humanos que forem aprovados, em cada Casa do Congresso Nacional, em dois turnos, por três quintos dos votos dos respectivos membros, serão equivalentes às emendas constitucionais (C.F. 1988)

O Decretos Legislativo 186/2008, aprova o texto da Convenção de 2007 e, o Decreto Executivo nº6949/2009, promulga a Convenção Internacional sobre os Direitos das Pessoas com Deficiência e seu protocolo facultativo. A convenção passou a ser a base dos debates e de políticas públicas em defesa de que todos possam viver com autonomia e ter participação efetiva em todos os aspectos da vida.

Os decretos vêm assegurar para o Brasil, que a pessoa com deficiência, tenha acesso a igualdade de oportunidades com as demais pessoas garantindo a acessibilidade nos espaços e na comunicação. Eles visam a melhoria da qualidade de vida para o público da Educação Especial e enfatizam as condições de dignidade humana, com garantia dos direitos fundamentais, promovendo o bem de todos sem preconceito e discriminação.

A Lei de Diretrizes e Base da Educação Nacional, recebeu alterações de outras leis com status de Emendas Constitucionais. A lei federal nº 11.741/2008 que trata da Educação Profissional e Tecnologia, modifica alguns aspectos mais genéricos da LDBEN. Por exemplo, o capítulo 5 da lei, registrou a oferta da educação escolar, preferencialmente, na rede regular de ensino para os estudantes com deficiência, transtorno globais do desenvolvimento e altas habilidades ou superdotação. Descreveu o apoio especializado quando necessário, em classes, escolas ou serviços especializados para atender as especificidades da demanda da Educação Especial, isso, quando não for possível a integração nas classes comuns.

Também traz orientações sobre a terminalidade específica, para os estudantes que não conseguirem atingir o nível exigido à conclusão do Ensino Fundamental. Instituiu a Educação Profissional como forma de efetivar a vida em sociedade e fomentar a criação de políticas públicas para ampliar o atendimento às pessoas com altas habilidades ou superdotação.

O Decreto 7480/11, define os rumos da Educação Especial e Inclusiva, criou a Secretaria de Educação Continuada, Alfabetização, Diversidade e Inclusão (SECADI) que antes era Secretaria da Educação Especial (SEESP). Porém, o SECADI também foi extinto em 2019, pelo Decreto 9465/19, que instituiu e criou a Secretaria de Mobilidades Especializadas de Educação (SEMESP), cujo objetivos são atender a Educação Especial e Inclusiva em articulação com os sistemas de ensino considerando as diversas culturas e a valorização das tradições culturais brasileiras, inclusive dos povos indígenas e de populações em áreas remanescentes de quilombos.

Outras funções da secretaria são desenvolver e fomentar a produção de conteúdo, a formação de professores e a criação de materiais didáticos e pedagógicos específicos à diversidade do atendimento e, acompanhar políticas, programas e ações, em suas áreas de afins, maximizando o uso dos recursos públicos.

Neste contexto, promulga a Lei nº 14.191/21 que altera a LDBEN para incluir a mobilidade de educação bilingue de Surdos.

A Lei Federal nº13.146/2015 – Lei Brasileira de Inclusão, instituiu o Estatuto da Pessoa com Deficiência.

O estatuto é um avanço quando altera outras leis garantindo o direito à participação civil da pessoa com deficiência, aproximando as ideias com a Convenção Internacional da ONU, as práticas inclusivas e visa a acessibilidade em vários aspectos.

Hoje muitas áreas não atendem como deveriam a demanda da Educação Especial. Ainda falta conhecimento legal e não cumprem o previsto em leis, privando esse público dos seus direitos.

Está previsto no capítulo III, do artigo 74, da lei 13.146/2015, a seguinte redação:

> É garantido à pessoa com deficiência acesso a produtos, recursos, estratégias, práticas, processos, métodos e serviços de tecnologia assistiva que maximizem sua autonomia, mobilidade pessoal e qualidade de vida. (BRASIL, LBI, 2015)

Percebe-se no que alude à Educação Especial, um avanço significativo sobre a mudança do paradigma de 2008 a 2015. A garantia da acessibilidade em todos os aspectos e, a organização das ações para implementação da Educação Inclusiva nas unidades educacionais.

São avanços legislativos:

- Atendimento Educacional Especializado (AEE), com apoio de políticas públicas e parcerias realizado na escola.
- a ideia da dupla matrícula em caráter complementar ou suplementar, quando pensamos na formação plena do público em questão, sendo a *Educação Especial*

compreendida como parte integrante do ensino regular e não um atendimento "a parte", "um serviço" em caráter substitutivo ao ensino regular.

- a garantia da continuidade e transversalidade da educação especial, que perpassa da educação infantil ao ensino superior, tornando o atendimento educacional especializado mais abrangente.
- a criação de cargos de professores e técnicos para a educação inclusiva nas instituições de ensino superior.
- a criação de cursos de graduação à formação de novos professores, com conhecimentos relativos à inclusão na grade curricular.

Após a criação da Secretaria de Mobilidades Especializadas de Educação, em 2020, o Decreto nº 10.502 de 2020, atualizou a nova Política Nacional de Educação Especial, de forma Equitativa, Inclusiva e com Aprendizado ao longo da vida. O risco que esta última traz ao substituir a Política Nacional de Educação Especial na Perspectiva Inclusiva de 2008, seria o estímulo dado a matrícula em escolas especiais, segregando novamente os estudantes com deficiência.

Contudo, cada sistema de ensino criou seus próprios documentos oficiais, com a finalidade de atender os documentos federais e organizar o seu atendimento na perspectiva da educação inclusiva.

2.6. Documentos do Município de São Paulo

Decidimos por apresentar os documentos da secretaria Municipal de Educação de São Paulo, por fazer parte da nossa pesquisa.

A SME/SP criou sua própria documentação para orientar a ação pedagógica com qualidade no município. Baseados na legislação federal, foram criados documentos norteadores à Educação Infantil e Ensino Fundamental. Lembrando que as ações da secretaria, também abrangem a Educação de jovens e Adultos, o Ensino Médio e a Educação Indígena. Faremos um breve relato desse material abaixo.

A SME/SP conta com um repertório tratando dos diversos aspectos da ação pedagógica. Iniciamos com o Currículo da Cidade que está na segunda edição e, busca integrar as experiências, práticas e culturas das crianças já existentes na rede. Entende a escola como espaço social da esfera política. Tem três conceitos orientadores: I) a Educação para Equidade, ou seja, todos têm capacidades para aprender e se desenvolver, desde que os processos educativos respeitem suas características individuais. II) Educação Inclusiva, respeito e valorização da diversidade e das diferenças. III) Educação Integral, desenvolvimento integral do estudante considerando as dimensões intelectual, social, emocional, física e cultural. Com vistas aos princípios da colaboração, da continuidade, da relevância e da contemporaneidade.

Na dimensão da infância, as interações e brincadeiras são princípios da ação pedagógica.

No Ensino Fundamental o Currículo da Cidade foi pensado em todas as áreas de conhecimento. As Orientações Didáticas para esse documento foram pensadas como parte constituinte do documento e não completar.

> O Currículo da Cidade foi construído para todos os estudantes da Rede Municipal de Ensino de São Paulo, inclusive os que necessitam de atendimento educacional especializado – aqueles que têm algum tipo de deficiência, transtornos globais de desenvolvimento ou altas habilidades/superdotação. Aplica-se, também, a crianças e adolescentes de diferentes origens étnico-raciais, além de imigrantes e refugiados de vários países. (SÃO PAULO, 2019, p.11)

A proposta atualizada do Currículo traz as garantias dos direitos a diversidade e inclusão, visando um Sistema Educacional Inclusivo.

Na Educação Infantil temos outros documentos como, 1) Padrões Básicos de Qualidade na Educação Infantil Paulistana, Orientação Normativa nº 1/15 que visam assegurar às crianças de zero a cinco anos de idade, um serviço de educação de qualidade sem descaracterizar a infância. 2) O uso da tecnologia e da linguagem midiática na Educação Infantil publicado pela Diretoria de Orientação Técnica da SME/SP que orienta o uso de diferentes recursos tecnológicos e digitais que permeiam o cotidiano das crianças com sua curiosidade e olhar investigativo em interação com o mundo e estabelecendo relações comunicativas e expressivas com seus pares e adultos, dentro e fora das escolas. 3) Currículo Integrador da Infância Paulistana/2015, com a finalidade de promover articulação do trabalho desenvolvidos pela Educação Infantil e pelo Ensino Fundamental, continuidade. Este documento conversa com outros documentos do município, como, por exemplo, as diretrizes do Programa de Reorganização Curricular "Mais Educação São Paulo" que visa ampliação e fortalecimento da rede municipal e, 4) Orientação Normativa nº 1/13, Avaliação na Educação Infantil: aprimorando olhares, 2014; orienta que o olhar à criança no cotidiano escolar deva ser de forma democrática, colegiada e dialógica para a construção de uma pedagogia da infância. Segundo o documento, um currículo integrador que rompa com a crise entre o CEI e a EMEI, a EMEI e a EMEF, o brincar e o aprender, o corpo e a mente.

> – Avaliação na Educação Infantil: aprimorando os olhares traz subsídios para a construção de um currículo integrador que rompa com a cisão entre: o CEI e a EMEI, a EMEI e a EMEF, o brincar e o aprender, o corpo e a mente, a Unidade Educacional e a Família, o Currículo e

o Projeto Político Pedagógico, a prática pedagógica e a avaliação, os adultos e as crianças, a cidade e as infâncias. Esse caráter integrador do currículo para a infância traz a avaliação como parte fundamental do trabalho político pedagógico (SÃO PAULO, 2014, p.6).

Considerar que a infância não acaba aos cinco anos e onze meses de idade, ela continua potente e ativa no Ensino Fundamental. 5) Indicadores de qualidade da Educação Infantil Paulistana 2016, que tem o intuito de garantir os padrões de qualidade da Educação Infantil Paulistana, busca a garantia dos direitos dos bebês e crianças. 6) Parques Sonoros da Educação Paulistana 2014, criados com objetivo de trabalhar a percepção sonora no cotidiano da escola infantil.

Para o Ensino Fundamental, além do Currículo da Cidade e as Orientações Didáticas do Currículo, existem materiais no portal da SME/SP, tanto para o estudante, o docente e o Coordenador Pedagógico. São vídeos, acesso ao canal do Youtube, sequência de atividades no "Pátio Digital", os cadernos da Trilhas de Aprendizagens, para Educação Infantil, Ensino Fundamental, Educação de Jovens e Adultos, Ensino Médio, Bilingue para surdos e em LIBRAS - Língua Brasileira de Sinais, esse material ajudou muito no período em que as crianças e adolescentes permaneceram em casa por causa da pandemia. Documentos orientadores para sondagem para o ciclo de alfabetização, trabalho dos ciclos interdisciplinar e autoral. Orientações para registros no Sistema Gestão Pedagógica, que desde 2022, também foi inserido na Educação Infantil.

Esses materiais norteadores e orientadores, precisam ser objetos de estudos na formação continuada do professor, com foco no trabalho pedagógico, de maneira a respeitar e considerar a pluralidade das comunidades e as singularidades dos contextos educacionais, considerando toda a comunidade escolar.

Outras publicações de SME/SP, que vale registrar aqui são, um almanaque com o registro sobre a história da Educação Infantil na cidade de São Paulo desde 1935, realizando um resgate desde os pioneiros da rede, o antigo Parque infantil até o atendimento em 2010.

A publicação, "Avaliação Diagnóstica dos impactos das ações educativas dos CEII e CECI, 2017", Centro de Educação Infantil Indígena e Centro de Educação e Cultura Indígena, ambos criados e mantidos pela SME/SP. São três, Jaraguá, Tenonde Porã e Krukutu. A pesquisa foi realizada para compreender as experiencias escolares dos indígenas.

A revista Magistério, também é uma publicação realizada pela SME/SP e contribui para que os educadores possam conhecer o trabalho colaborativo realizado em parceria, articulados entre diferentes atores com finalidade educativa.

O Decreto nº 57.379/2016, institui no âmbito da Secretaria Municipal de Educação de São Paulo, a Política Paulistana de Educação Especial na Perspectiva da Educação Inclusiva, considerando o decreto nº 6949/09, a Lei de Diretrizes e Bases da Educação Nacional nº 9394/96 e a Lei 13.146/15 que altera a LDBEN, respeitando as Política Nacional de Educação Especial na Perspectiva da Educação Inclusiva.

No documento, entende-se a deficiência como um conceito em evolução oriundo da interação da pessoa com deficiência e as barreiras atitudinais e ambientais, que impedem sua participação efetiva na sociedade. Tem a compreensão da deficiência como um fenômeno sócio-histórico-cultural e não uma questão médica e biológica. Defende a promoção do desenvolvimento da autonomia, da personalidade, das potencialidades e da criatividade da pessoa com deficiência respeitando os diferentes tempos, ritmos e formas de aprendizagem, com igualdade de oportunidades com as demais pessoas com o respeito e valorização da diversidade e das diferenças humanas.

Traz o conceito do Atendimento Educacional Especializado no decreto como um conjunto de atividades e recursos pedagógicos de acessibilidade, organizados para o atendimento complementar ou suplementar.

O capítulo II, traz as regras para o acesso e permanência. Descreve a matrícula nas classes comuns, o atendimento educacional especializado. O respeito à idade cronológica para o agrupamento dos estudantes. A disponibilização dos recursos humanos e estruturais para garantir a frequência e a permanência do educando com deficiência. A formação docente para o trabalho e a articulação entre os professores da classe comum, do AEE e demais funcionários.

O artigo 2º, estabelece o público-alvo da educação especial, deixando expressa a diversidade no atendimento.

> Serão considerados público-alvo da Educação Especial os educandos e educandas com: I – deficiência (visual, auditiva, física, intelectual, múltipla ou surdocegueira); II – transtornos globais do desenvolvimento – TGD (autismo, síndrome de Asperger, síndrome de Rett e transtorno degenerativo da infância); III – altas habilidades. (SÃO PAULO, SME, 2016)

Fala sobre a transversalidade da Educação Especial enquanto modalidade de ensino. A institucionalização do Atendimento Educacional Especializado como parte integrante do Projeto Político Pedagógico da escola. Fala sobre a garantia do direito à escolaridade ao longo da vida, a qualificação e inserção no mundo do trabalho.

Enfatiza a construção de um currículo emancipador, inclusivo, relevante, integrador e organizado pela ação pedagógica, ao mesmo tempo, passa a ser organizador da ação pedagógica na perspectiva da integralidade, ou seja, visa desenvolvimento pleno da pessoa. Um currículo sócio-histórico e cultural que respeita a constituição de identidades e subjetividades comunitárias, a diversidade humana e as diferentes maneiras e tempos de aprender, considerando as práticas da vida articuladas ao saber acadêmico. Para a educação infantil, ressalta o caráter indissociável do cuidar e educar, garantindo o direito de brincar e as interações diversas no ambiente educativo, enquanto elementos constitutivos da identidade da criança.

Cita o Decreto 54.453/13 e as especificidades do atendimento às necessidades básicas: de locomoção, higiene e alimentação. Observando a participação do próprio educando e os professores da escola para discussão do seu atendimento, juntamente com a família, professores do AEE e os serviços de Educação Especial: – Centros de Formação e Acompanhamento à Inclusão (CEFAI) que é mantido pela Diretoria Regional de Educação (DRE), – Sala de Recursos Multifuncionais (SRM), antes denominadas Sala de Apoio e Acompanhamento à Inclusão (SAAI). Também prevê o Professor de Atendimento a Educação Especial (PAEE), que antes era o Professor de Apoio e Acompanhamento à Inclusão (PAAI).

as Escola Municipal de Educação Bilingue para Surdos (EMEBS) que atendem especificamente a Educação Especial.

Os serviços de apoio fortalecem a rede de proteção social. Conforme o decreto, são eles: Auxiliar de Vida Escolar (AVE), estagiários mediante apoio da Diretoria Regional de Educação-DRE, Divisão Pedagógica-DIPED e CEFAI. A equipe Multidisciplinar que integra a equipe do Núcleo de Apoio e Acompanhamento para a Aprendizagem (NAAPA), criado pelo Decreto nº 55.309/14 e outros convênios e serviços especializados.

O capítulo VII desta lei, trata da eliminação de barreiras e acessibilidade. Considera barreira qualquer obstáculo, atitudinais ou comportamentais que limitem ou impeçam o exercício dos direitos dos estudantes à participação efetiva educacional ou social. Segundo a legislação em questão, existem barreiras podem ser: I) Arquitetônicas, II) Barreiras nas comunicações e na informação – são obstáculos que impedem a comunicação expressiva e receptiva e podem ser por meio de códigos, línguas, linguagens, sistemas de comunicação e de tecnologia assistiva. III) Barreiras atitudinais, que são atitudes que impedem a participação plena da pessoa, público da educação especial, em igualdade de condições e oportunidades com as outras pessoas. Uma vez, as barreiras eliminadas, criam condições físicas, ambientais e materiais à participação nas atividades educacionais para aqueles com mobilidade reduzida. Promove acessibilidade e assegura o transporte escolar gratuito (TEG), com veículos adaptados quando necessário.

O Decreto da Política Paulistana também assegura a Educação Bilíngue aos estudantes da rede municipal de ensino, adotando a Língua Brasileira de Sinais: LIBRAS como a primeira língua e a Língua Portuguesa, na modalidade escrita, como segunda língua para os estudantes com surdez e surdez associada às deficiências e surdocegueira.

O Decreto é bem detalhado para garantir a implementação da Educação Especial na SME.

A Portaria 8764/16 da SME, regulamenta o Decreto 57.379/16.

A Portaria 8824/16 promulgada no âmbito da SME, institui o "Projeto Rede" integrando os serviços de apoio para os estudantes, público-alvo da Educação Especial nos termos do Decreto 57.379/16.

O "Projeto Rede" é visto como parte integrante do serviço de apoio para os estudantes que não apresentarem autonomia para sua locomoção, alimentação e higiene. Trata-se de um suporte intensivo e necessário para que os estudantes possam se organizar e participar das atividades escolares. É previsto um atendimento direito na escola, realizado por um Auxiliar de Vida Escolar e supervisionado pelo Supervisor Técnico contratado pela Associação Paulista para o Desenvolvimento da Medicina (SPDM), serviço conveniado com a Secretaria Municipal da Educação.

Esta portaria estabelece e distribui as competências de cada profissional e de cada parceiro para o atendimento da Educação Especial na Perspectiva da Educação Inclusiva. Assim, percebe-se nitidamente a construção legislativa para garantir o amparo à educação inclusiva, que necessita ser providenciado pelas esferas governamentais.

Cabe a nós, profissionais da educação (professores, coordenadores, diretores, supervisores, especialistas, etc.), mudarmos a atitude em relação as diferenças existentes e, entender que incluir significa eliminar barreiras e garantir a participação plena de "todos", independentemente, das diferenças e peculiaridades. Temos o dever de buscar todo aparato disponível à construção de uma escola inclusiva, participando ativamente desse processo e, garantir os direitos daqueles que historicamente, foram excluídos e marcados pelo abandono.

Para oferecer uma educação de qualidade, todos precisam estarem envolvidos e viabilizando uma série de ações que devem ser articuladas entre si. Acolher, diagnosticar, levantar as necessidades e registrar nos sistemas oficiais para investir na eliminação das barreiras, são pontos a serem observados pela gestão da escola com apoio de toda a comunidade escolar e das parcerias (equipamentos públicos e outros do entorno da escola), a ideia é, "TODOS PELA EDUCAÇÃO".

Segundo o Instituto Rodrigo Mendes, os pontos centrais para a Educação Inclusiva são, a garantia da matrícula na escola regular; combater as práticas que conduzem ao retrocesso no campo de direitos e segregação de estudantes da educação especial; ter registros que mostrem os indicadores sobre a educação especial (sucesso nas aprendizagens, taxas de evasão e abandono, etc.); garantir o acesso, a permanência, a acessibilidade e a qualidade da oferta educacional; investir na formação inicial e continuada do professor na perspectiva inclusiva; ter prioridade orçamentária para a construção de Sistemas Educacionais Inclusivo. Existe o aparato legislativo para a inclusão, mas muitos estudantes da Educação Especial continuam fora das escolas.

A Política Nacional de Educação Especial na Perspectiva Inclusiva (2008), foi um marco legal no Brasil para o aumento das matrículas dos estudantes da Educação Especial, mas ainda assim, podemos perceber nas pesquisas que não houve muitos avanços no que tange a eliminação das barreiras para garantir a oferta de educação de qualidade.

> O Censo Escolar (INEP/MEC, 2020) possui dados de acessibilidade restritos somente aos anos de 2019 e 2020, que mostram que 60% das escolas ainda não têm qualquer medida de acessibilidade arquitetônica. Banheiros acessíveis (47%), a presença de corrimão (25%) e rampas (48%) estão entre os recursos de acessibilidade mais comuns (INSTITUTO RODRIGO MENDES, 2022).

2.6.1. Quem tem direito a matrícula na Educação Especial?

A Lei Brasileira de Inclusão ou Estatuto da Pessoa com Deficiência, Lei nº 13.146/2015, dispõe sobre diretrizes para a realização de matrículas na escola de ensino regular em todas as modalidades.

> A educação constitui direito da pessoa com deficiência, assegurados sistema educacional inclusivo em todos os níveis e aprendizado ao longo de toda a vida, de forma

a alcançar o máximo desenvolvimento possível de seus talentos e habilidades físicas, sensoriais, intelectuais e sociais, segundo suas características, interesses e necessidades de aprendizagem (BRASIL, 2015 Art. 27).

Percebe-se, conforme o gráfico abaixo, que após a legislação garantir os direitos das pessoas, público-alvo da Educação Especial, o número de matrículas vem aumentando significativamente.

Em 2003 a demanda atendida era predominante nas escolas especializadas. A partir daí, houve um incremento para a Rede Pública, majoritariamente, nas classes comuns, em 2020 o número de matrículas da Educação Especial chegou a 1,3 milhão. O maior número concentra-se no ensino fundamenta, como podemos constatar no gráfico 1:

Figura 1 (Gráfico 1): Número de matrículas de alunos com deficiência, transtornos globais do desenvolvimento ou altas habilidades em classes comuns ou especiais exclusivas, segundo a etapa de ensino – brasil – 2016-2020

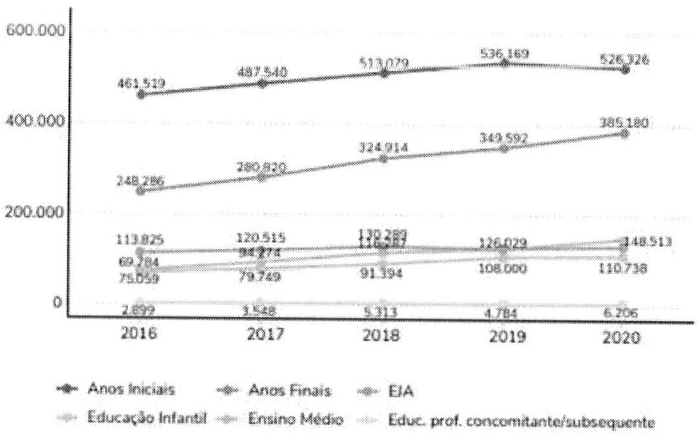

Fonte: elaborado por deed/inep com base nos dados do censo da educação básica.

No decorrer dos anos, o percentual de alunos com deficiência, transtornos do espectro autista ou altas habilidades matriculados em classes comuns, apesar de alguma variação, tem aumentado gradualmente para todas as etapas de ensino. Com exceção da EJA, todas as etapas de ensino vêm crescendo gradativamente nas classes comuns. O maior aumento na proporção de alunos incluídos, entre 2016 e 2020, foi observado no ensino médio e na educação infantil, um acréscimo progressivo e contínuo. Observe no gráfico 2:

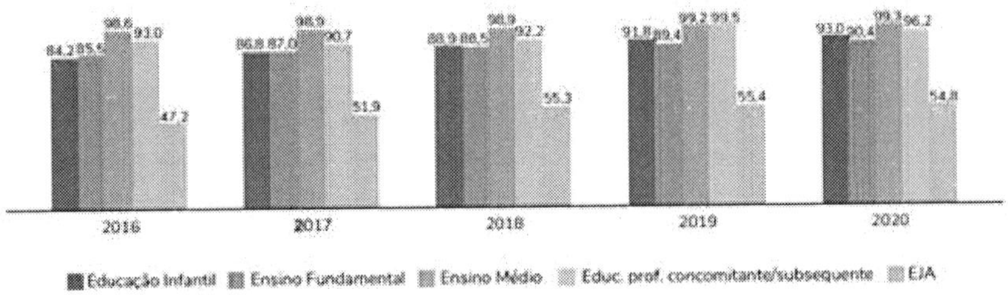

Fonte: Elaborado por Deed/Inep com base nos dados do Censo da Educação Básica

Figura 3 (Tabela 1):

Tabela 1. Número de Matrículas na Educação Especial por Etapa de Ensino – Brasil – 2007-2013.

Ano	Total Geral	Classes Especiais e Escolas Exclusivas						Classes Comuns (Alunos Incluídos)					
		Total	Ed. Infantil	Fundamental	Médio	EJA	Ed. Profissional	Total	Ed. Infantil	Fundamental	Médio	EJA	Ed. Profissional
2007	**654.606**	348.470	64.501	224.350	2.806	49.268	7.545	306.136	24.634	239.506	13.306	28.295	395
2008	**695.699**	319.924	65.694	202.126	2.768	44.384	4.952	375.775	27.603	297.986	17.344	32.296	546
2009	**639.718**	252.687	47.748	162.644	1.263	39.913	1.119	387.031	27.031	303.383	21.465	34.434	718
2010	**702.603**	218.271	35.397	142.866	972	38.353	683	484.332	34.044	380.112	27.695	41.385	1.096
2011	**752.305**	193.882	23.750	131.836	1.140	36.359	797	558.423	39.367	437.132	33.138	47.425	1.361
2012	**820.433**	199.656	18.652	124.129	1.090	55.048	737	620.777	40.456	485.965	42.499	50.198	1.659
2013	**843.342**	194.421	16.977	118.321	1.233	57.537	353	648.921	42.982	505.505	47.356	51.074	2.004
Δ% 2012/2013	**2,8**	-2,6	-9,0	-4,7	13,1	4,5	-52,1	4,5	6,2	4,0	11,4	1,7	20,8

Fonte: MEC/Inep/Deed.

Nota: 1) Não inclui matrículas em turmas de atendimento complementar e atendimento educacional especializado (AEE).

Após a Convenção sobre os Direitos das Pessoas com Deficiência de 2007, em Nova Iorque, que se tornou Emenda Constitucional no Brasil em 2008, percebe-se o avanço das matrículas da Educação Especial, ainda mais fortalecida após a publicação do Estatuto da Pessoa com Deficiência em 2015. Vemos nos gráficos acima, um aumento gradativo e expressivo das matrículas, no período de 2016 a 2020, se comparado com a tabela abaixo realizada no Censo Escolar de 2013.

Ainda há um amplo trabalho no Atendimento Educacional Especializado a ser feito na Educação Básica, em classe comum, para atingir a Meta 4 do Plano Nacional de Educação.

Figura 4 (Gráfico 3):

Percentual de matrículas de alunos de 4 a 17 anos de idade com deficiência, transtornos globais do desenvolvimento ou altas habilidades/superdotação que frequentam classes comuns (com e sem atendimento educacional especializado) ou classes especiais exclusivas – Brasil – 2016-2020.

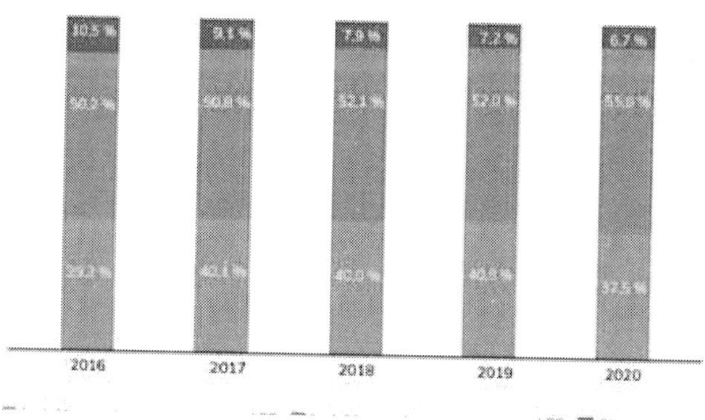

Fonte: Elaborado por Deed/Inep com base nos dados do Censo da Educação Básica.

Observando o gráfico 4, podemos verificar que o maior número do público da Educação Especial está dividido entre estado e município, porém, majoritariamente, matriculados nos municípios.

Figura 5 (Gráfico 4): Percentual de matrículas de alunos de 4 a 17 anos de idade com deficiência, transtornos globais do desenvolvimento ou altas habilidades/superdotação que frequentam classes comuns (com e sem atendimento educacional especializado) ou classes especiais exclusivas – brasil – 2016-2020.

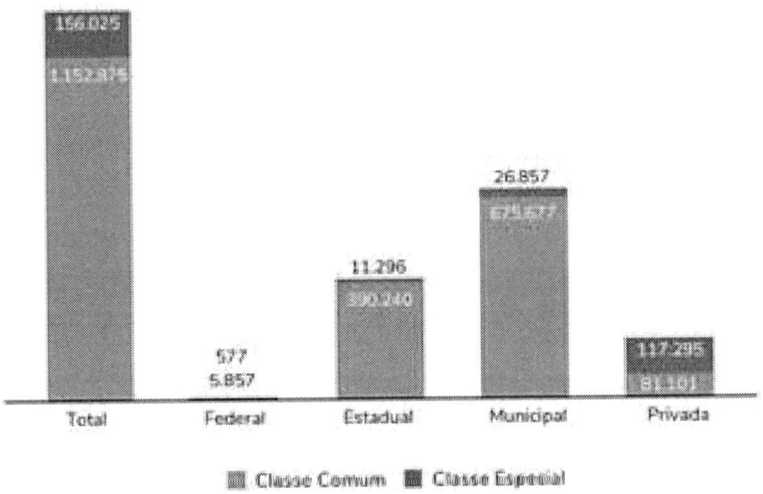

Fonte: Elaborado por Deed/Inep com base nos dados do Censo da Educação Básica.

No que diz respeito ao AEE, apesar do número grande de matrículas, há uma defasagem expressiva em todas as esferas administrativas. Dos 1.152.875 matriculados na Educação Básica, apenas 156.025 recebem Atendimento Educacional Especializado. Apesar do ensino privado ter menos matrículas, o total de dos 117.295, dessas, 81.101 estudantes da Educação especial, recebem Atendimento Educacional Especializado.

No município de São Paulo, seguindo legislação federal, todo ano é publicada uma portaria que regulamenta a matrícula nas escolas municipais. Um ponto importante no procedimento e define a efetivação da matrícula do público da educação especial, seria o preenchimento da "ficha E", além, da ficha de saúde comum "Ficha B" e da ficha da matrícula. Porém, a "ficha E" só é preenchida mediante laudo médico, para informar no sistema EOL o educando com deficiência (visual, auditiva, física, intelectual, múltipla ou surdocegueira); transtornos globais do desenvolvimento (TGD) (autismo (TEA), síndrome de Asperger, síndrome de Rett e transtorno degenerativo da infância); altas habilidades e superdotação, sem o laudo, não é preenchida a "Ficha E", consequentemente, não recebe atendimento na educação especial.

Figura 6 (Gráfico 5): Percentual de escolas, por dependência administrativa, Brasil, 2020:

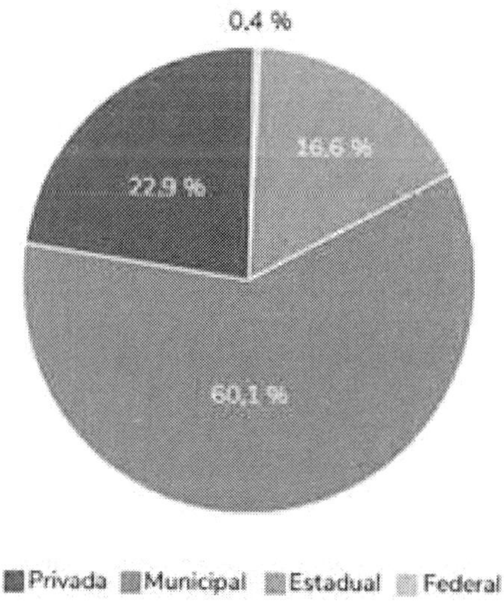

Fonte: Elaborado por Deed/Inep com base nos dados do Censo da Educação Básica

Nos dias atuais ainda existem muitas pessoas, público da educação Especial, sem atendimento por vários os motivos. Nem todos os estudantes inseridos no sistema educacional têm recebido uma educação adequada e apropriada, seja por falta de profissionais especializados, por falta de recursos, ou ainda, pelas diversas barreiras que perpetuam nas escolas. Um grande número deste público está na rede privada, em unidades filantrópicas. A questão do financiamento também influência, além da oferta de vaga caminhar com lentidão. A Política Nacional de Educação Especial fala em matrículas, preferencialmente, na rede regular de ensino e na garantia do atendimento educacional especial. A legislação ampara, porém, não define a obrigatoriedade do acesso à escola comum, até admite a escolarização, mas não na escola regular.

> O Brasil conta, em 2020, com 179.533 escolas de educação básica. Desse total, a rede municipal é responsável por aproximadamente dois terços delas (60,1%), seguida da rede privada (22,9%) (BRASIL, 2021, p.49).

Segundo estudos do INEP, no ano 2020, houve registro de 47,3 milhões de matrículas nas escolas de educação básica, cerca de 579 mil a menos que 2019, "...o que corresponde a uma redução de 1,2% no total (BRASIL, 2021).

As estatísticas do censo da educação básica, figura 3, mostram que em 2016, 82% das escolas brasileiras têm alunos com deficiência incluídos em turmas regulares. Em 2005 esse percentual era de 41%. Este avanço está em sintonia com os desafios propostos pelo PNE, a universalização que deve incluir este segmento da população de 4 a 17 anos, preferencialmente na rede regular de ensino.

Deixamos em evidência que as matrículas aumentaram, mas ainda há um número expressivo de pessoas com deficiência fora da escola. Os dados oficiais são imprecisos devido o processo de identificação não serem confiáveis. Muitos alunos são enquadrados na categoria "outros", sem uma avaliação fidedigna. A maioria das matrículas enquadra-se na condição de deficiência mental, com diagnóstico complicado e impreciso na realidade brasileira.

Apesar do debate sobre educação inclusiva ser relevante, nem mesmo o sistema de matrícula de alunos com necessidades educacionais especiais tem sido garantido, e ainda, para as poucas matrículas existentes, faltam os aspectos básicos que deveriam garantir, não só o acesso, mas também a permanência e sucesso desses alunos matriculados em classes comuns. Oliveira (2013, p. 26):

> Acreditamos que a escola deve reconhecer e responder de acordo com as necessidades de todos os alunos de forma individualizada e assumir o atendimento as diferenças, porém, deve-se analisar o contexto desta prática.

Assim, iremos nos limitar aqui, neste pequeno ensaio, ao universo da educação especial, ou seja, sobre o atendimento da pessoa com deficiência (visual, auditiva, física, intelectual, múltipla ou surdocegueira); transtornos globais do desenvolvimento (TGD) (autismo (TEA), síndrome de Asperger, síndrome de Rett e transtorno degenerativo da infância); altas habilidades e superdotação na escola de educação infantil e ensino fundamental.

2.6.2. Como chamar as pessoas com deficiência?

Ao logo do tempo, utilizou-se uma variedade de termos para definir a pessoa com deficiência, isso conforme a sociedade e seus valores socialmente constituídos.

O quadro abaixo mostrará como a nomenclatura mudou mediante os contextos sociais de determinada época.

ÉPOCA	TERMOS E SIGNIFICADOS	VALOR DA PESSOA
No começo da história, durante séculos. Romances, nomes de instituições, leis, mídia e outros meios mencionavam "os inválidos". Exemplos: "A reabilitação profissional visa a proporcionar aos beneficiários inválidos..." (Decreto federal nº 60.501, de 14/3/67, dando nova redação ao Decreto nº 48.959-A, de 19/9/60).	"Os inválidos". O termo significava "indivíduos sem valor". Em pleno século 20, ainda se utilizava este termo, embora já sem nenhum sentido pejorativo. Outro exemplo: "Inválidos insatisfeitos com lei relativa aos ambulantes" (Diário Popular, 21/4/76).	Aquele que tinha deficiência era tido como socialmente inútil, um peso morto para a sociedade, um fardo para a família, alguém sem valor profissional. Outros exemplos: "Servidor inválido pode voltar" (Folha de S. Paulo, 20/7/82). "Os cegos e o inválido" (IstoÉ, 7/7/99).
Século 20 até ± 1960. "Derivativo para incapacitados" (Shopping News, Coluna Radioamadorismo, 1973). "Escolas para crianças incapazes" (Shopping News, 13/12/64). Após a I e a II Guerras Mundiais, a mídia usava o termo assim: "A guerra produziu incapacitados", "Os incapacitados agora exigem reabilitação física".	"Os incapacitados". O termo significava, de início, "indivíduos sem capacidade" e, mais tarde, evoluiu e passou a significar "indivíduos com capacidade residual". Durante várias décadas, era comum o uso deste termo para designar pessoas com deficiência de qualquer idade. Uma variação foi o termo "os incapazes", que significava "indivíduos que não são capazes" de fazer algumas coisas por causa da deficiência que tinham.	Foi um avanço a sociedade reconhecer que a pessoa com deficiência poderia ter capacidade residual, mesmo que reduzida. Mas, ao mesmo tempo, considerava-se que a deficiência, qualquer que fosse o tipo, eliminava ou reduzia a capacidade da pessoa em todos os aspectos: físico, psicológico, social, profissional etc.

ÉPOCA	TERMOS E SIGNIFICADOS	VALOR DA PESSOA
De ± 1960 até ± 1980. "Crianças defeituosas na Grã-Bretanha tem educação especial" (Shopping News, 31/8/65). No final da década de 50, foi fundada a Associação de Assistência à Criança Defeituosa – AACD (hoje denominada Associação de Assistência à Criança Deficiente). Na década de 50 surgiram as primeiras unidades da Associação de Pais e Amigos dos Excepcionais- APAE.	"Os defeituosos". O termo significava "indivíduos com deformidade" (principalmente física). "os deficientes". Este termo significava "indivíduos com deficiência" física, intelectual, auditiva, visual ou múltipla, que os levava a executar as funções básicas de vida (andar, sentar-se, correr, escrever, tomar banho etc.) de uma forma diferente daquela como as pessoas sem deficiência faziam. E isto começou a ser aceito pela sociedade. "os excepcionais". O termo significava "indivíduos com deficiência intelectual".	A sociedade passou a utilizar estes três termos, que focalizam as deficiências em si sem reforçarem o que as pessoas não conseguiam fazer como a maioria. Simultaneamente, difundia-se o movimento em defesa dos direitos das pessoas superdotadas (expressão substituída por "pessoas com altas habilidades" ou "pessoas com indícios de altas habilidades"). O movimento mostrou que o termo "os excepcionais" não poderia referir-se exclusivamente aos que tinham deficiência intelectual, pois as pessoas com superdotação também são excepcionais por estarem na outra ponta da curva da inteligência humana.
De 1981 até ± 1987. Por pressão das organizações de pessoas com deficiência, a ONU deu o nome de "Ano Internacional das Pessoas Deficientes" ao ano de 1981. E o mundo achou difícil começar a dizer ou escrever "pessoas deficientes". O impacto desta terminologia foi profundo e ajudou a melhorar a imagem destas pessoas.	"Pessoas deficientes". Pela primeira vez em todo o mundo, o substantivo "deficientes" (como em "os deficientes") passou a ser utilizado como adjetivo, sendo-lhe acrescentado o substantivo "pessoas". A partir de 1981, nunca mais se utilizou a palavra "indivíduos" para se referir às pessoas com deficiência.	Foi atribuído o valor "pessoas" àqueles que tinham deficiência, igualando-os em direitos e dignidade à maioria dos membros de qualquer sociedade ou país. A Organização Mundial de Saúde (OMS) lançou em 1980 a Classificação Internacional de Impedimentos, Deficiências e Incapacidades, mostrando que estas três dimensões existem simultaneamente em cada pessoa com deficiência.

ÉPOCA	TERMOS E SIGNIFICADOS	VALOR DA PESSOA
De ± 1988 até ± 1993. Alguns líderes de organizações de pessoas com deficiência contestaram o termo "pessoa deficiente" alegando que ele sinaliza que a pessoa inteira é deficiente, o que era inaceitável para eles.	"Pessoas portadoras de deficiência". Termo que, utilizado somente em países de língua portuguesa, foi proposto para substituir o termo "pessoas deficientes". Pela lei do menor esforço, logo reduziram este termo para "portadores de deficiência".	O "portar uma deficiência" passou a ser um valor agregado à pessoa. A deficiência passou a ser um detalhe da pessoa. O termo foi adotado nas Constituições federal e estaduais e em todas as leis e políticas pertinentes ao campo das deficiências. Conselhos, coordenadorias e associações passaram a incluir o termo em seus nomes oficiais.
De ± 1990 até hoje. O art. 5° da Resolução CNE/CEB n° 2, de 11/9/01, explica que as necessidades especiais decorrem de três situações, uma das quais envolvendo dificuldades vinculadas a deficiências e dificuldades não-vinculadas a uma causa orgânica.	"Pessoas com necessidades especiais". O termo surgiu primeiramente para substituir "deficiência" por "necessidades especiais", daí a expressão "portadores de necessidades especiais". Depois, esse termo passou a ter significado próprio sem substituir o nome "pessoas com deficiência".	De início, "necessidades especiais" representava apenas um novo termo. Depois, com a vigência da Resolução n° 2, "necessidades especiais" passou a ser um valor agregado tanto à pessoa com deficiência quanto a outras pessoas.
Mesma época acima. Surgiram expressões como "crianças especiais", "alunos especiais", "pacientes especiais" e assim por diante numa tentativa de amenizar a contundência da palavra "deficientes".	"Pessoas especiais". O termo apareceu como uma forma reduzida da expressão "pessoas com necessidades especiais", constituindo um eufemismo dificilmente aceitável para designar um segmento populacional.	O adjetivo "especiais" permanece como uma simples palavra, sem agregar valor diferenciado às pessoas com deficiência. O "especial" não é qualificativo exclusivo das pessoas que têm deficiência, pois ele se aplica a qualquer pessoa.
Em junho de 1994. A Declaração de Salamanca preconiza a educação inclusiva para todos, tenham ou não uma deficiência.	"Pessoas com deficiência" e pessoas sem deficiência, quando tiverem necessidades educacionais especiais e se encontrarem segregadas, têm o direito de fazer parte das escolas inclusivas e da sociedade inclusiva.	O valor agregado às pessoas é o de elas fazerem parte do grande segmento dos excluídos que, com o seu poder pessoal, exigem sua inclusão em todos os aspectos da vida da sociedade. Trata-se do empoderamento.

ÉPOCA	TERMOS E SIGNIFICADOS	VALOR DA PESSOA
Em maio de 2002. Frei Betto escreveu no jornal O Estado de São Paulo um artigo em que propõe o termo "portadores de direitos especiais" e a sigla PODE. Alega o proponente que o substantivo "deficientes" e o adjetivo "deficientes" encerram o significado de falha ou imperfeição enquanto a sigla PODE exprime capacidade. O artigo, ou parte dele, foi reproduzido em revistas especializadas em assuntos de deficiência.	"Portadores de direitos especiais". O termo e a sigla apresentam problemas que inviabilizam a sua adoção em substituição a qualquer outro termo para designar pessoas que têm deficiência. O termo "portadores" já vem sendo questionado por sua alusão a "carregadores", pessoas que "portam" (levam) uma deficiência. O termo "direitos especiais" é contraditório porque as pessoas com deficiência exigem equiparação de direitos e não direitos especiais. E mesmo que defendessem direitos especiais, o nome "portadores de direitos especiais" não poderia ser exclusivo das pessoas com deficiência, pois qualquer outro grupo vulnerável pode reivindicar direitos especiais.	Não há valor a ser agregado com a adoção deste termo, por motivos expostos na coluna ao lado e nesta. A sigla PODE, apesar de lembrar "capacidade", apresenta problemas de uso: 1) Imaginem a mídia e outros autores escrevendo ou falando assim: "Os Podes de Osasco terão audiência com o Prefeito...", "A Pode Maria de Souza manifestou-se a favor...", "A sugestão de José Maurício, que é um Pode, pode ser aprovada hoje..." 2) Pelas normas brasileiras de ortografia, a sigla PODE precisa ser grafada "Pode". Norma: Toda sigla com mais de 3 letras pronunciada como uma palavra deve ser grafada em caixa baixa com exceção da letra inicial.
De ± 1990 até hoje e além. A década de 90 e a primeira década do século 21 e do Terceiro Milênio estão sendo marcadas por eventos mundiais, liderados por organizações de pessoas com deficiência.	"Pessoas com deficiência" passa a ser o termo preferido por um número cada vez maior de adeptos, boa parte dos quais é constituída por pessoas com deficiência que, no maior evento ("Encontrão") das organizações de pessoas com deficiência, realizado no Recife em 2000, conclamaram o público a adotar este termo. Elas esclareceram que não são "portadoras de deficiência" e que não querem ser chamadas com tal nome.	Os valores agregados às pessoas com deficiência são: 1) o do empoderamento [uso do poder pessoal para fazer escolhas, tomar decisões e assumir o controle da situação de cada um] e 2) o da responsabilidade de contribuir com seus talentos para mudar a sociedade rumo à inclusão de todas as pessoas, com ou sem deficiência.

Fonte: **SASSAKI**, (2005, p. 1-4)

As convenções mundiais sobre os direitos das pessoas com deficiência, acolheram a questão da nomenclatura levantada e decidida pelos próprios interessados que desejaram ser chamados por: "Pessoa com Deficiência" em todos os idiomas. Essa decisão que foi registrada no documento da ONU sobre os Direitos das Pessoas com Deficiência, e no Brasil, no Decreto Legislativo nº 186/08 do Congresso Nacional, que firma compromisso em relação a todos os direitos das Pessoas com Deficiência que foram assinados no tratado de Nova Yorque de 2007.

Alguns princípios básicos foram fundamentais para chegarem ao conceito de "pessoa com deficiência". Segundo Sassaki (2003, p. 12-16), são eles:

- Não esconder ou camuflar a deficiência;
- Não aceitar o consolo pela falsa ideia de que todo mundo tem deficiência;
- Mostrar com dignidade a realidade da deficiência;
- Valorizar as diferenças e necessidades decorrentes da deficiência;
- Combater neologismos que tentam diluir as diferenças, tais como "pessoas com capacidades especiais", "pessoas com eficiências diferentes", "pessoas com habilidades diferenciadas", "pessoas deficientes", "pessoas especiais", "é desnecessário discutir a questão das deficiências porque todos nós somos imperfeitos", "não se preocupem, agiremos como avestruzes com a cabeça dentro da areia" (i.é, "aceitaremos vocês sem olhar para as suas deficiências");
- Defender a igualdade entre as pessoas com deficiência e as demais pessoas em termos de direitos e dignidade, o que exige a equiparação de oportunidades para pessoas com deficiência atendendo às diferen-

ças individuais e necessidades especiais, que não devem ser ignoradas;

- Identificar nas diferenças todos os direitos que lhes são pertinentes e a partir daí encontrar medidas específicas para o Estado e a sociedade diminuírem ou eliminarem as "restrições de participação" (dificuldades ou incapacidades causadas pelos ambientes humano e físico contra as pessoas com deficiência).

Foram muitos os termos utilizados ao longo dos anos para se referir a pessoa com deficiência, "Inválidos" com a conotação de inutilidade, alguém sem valor; "incapazes" com a ideia da redução de sua capacidade; "defeituosos" como se fosse um ser deformado; "excepcionais" foi utilizado para pessoas com deficiência intelectual, mas também para aqueles que tinham altas habilidades ou superdotação, provocando assim uma confusão no entendimento; "Deficientes" esse termo aboliu a expressão "indivíduo" passando a utilizar a palavra "pessoa", ajudou a melhorar a imagem, apesar disso, "deficiente" era utilizado como um adjetivo julgando toda a pessoa pela sua deficiência; "Portadores de Deficiência", como se a pessoa portasse a deficiência e essa fosse um detalhe dela.

Alguns desses termos eram negativos e denotavam estereótipos gravíssimos de rejeição social da pessoa com deficiência. Conforme vimos em Sassaki, o termo não pode camuflar a deficiência. Precisamos valorizar as diferenças, sejam elas intelectuais, sensoriais ou físicas. A partir dos anos 90 surgiu a ideia de "Necessidades Especiais" para substituir a palavra "deficiência", então surgiu o termo "Portadores de Necessidades Especiais", inicialmente foi apenas uma mudança de nomenclatura, depois esse termo era utilizado para todos que apresentassem qualquer necessidade, independente, de ser público da Educação Especial. Ainda nessa década, na tentativa de amenizar a palavra "deficientes" passou-se a usar termos como: "alunos especiais", "pessoas especiais", pacientes especiais".

Em 1994, com a Declaração de Salamanca passou-se a utilizar o termo "Pessoa com Deficiência" até os dias atuais, exigindo assim, a inclusão da pessoa com deficiência em todos os aspectos da vida.

Cada termo vem arreigado de valores sociais da época em que foram criados. Tentar compreender como era o cenário em que cada termo se deu, nos ajudará a compreender as relações da sociedade e a construção do preconceito e da discriminação em relação a determinados grupos humanos. Essa compreensão nos levará a entender melhor o porquê da necessidade da mudança de palavras ou termos, por ter sido considerados tão pejorativos e que hoje são rejeitados, porém anteriormente utilizados em outros contextos sociais.

A Convenção Internacional sobre os direitos da Pessoa com Deficiência, 2007, definiu em seu texto o conceito do termo, "pessoa com deficiência" da seguinte maneira:

> Pessoas com deficiência são aquelas que têm impedimentos de longo prazo de natureza física, mental, intelectual ou sensorial, os quais, em interação com diversas barreiras, podem obstruir sua participação plena e efetiva na sociedade em igualdades de condições com as demais pessoas.

Atualmente caminhamos à construção de uma sociedade inclusiva, que deve por sua natureza, rejeitar qualquer forma de preconceito e discriminação que diminua a existência humana. A sociedade contemporânea tende a repudiar qualquer manifestação que desqualifique e negue os direitos humanos, ou possa reduzir as potencialidades e habilidades da pessoa, reforçando a sensação de fracasso pessoal.

3. PESQUISA DE CAMPO

Para entender melhor como estão as escolas, o trabalho do professor e da equipe gestora, em relação a educação inclusiva, surgiu a ideia de complementar este livro, com uma pesquisa, junto a alguns profissionais da educação, da educação básica, de redes públicas de ensino, coletando relatos sobre práticas pedagógicas e, na visão de cada professor, como está a organização da escola na perspectiva da Educação Inclusiva.

3.1. Pesquisa

Inclusão Escolar: o olhar do professor sobre as mudanças realizadas na escola para a construção da Educação Inclusiva.

Neste estudo, analisamos a inclusão de estudantes com deficiência na classe comum, do sistema regular de ensino, na educação básica, sob a ótica do professor em pleno exercício da sua função.

Algumas indagações surgem em torno das garantias constitucionais e universais, estabelecidas na legislação sobre os direitos para as pessoas com deficiência na fase de escolarização. Abaixo, informações da pesquisa realizada.

3.1.1. Procedimentos metodológicos e tipo de pesquisa

> A pesquisa proposta foi descritiva e ocorreu em duas escolas da rede municipal de São Paulo, e teve o objetivo de contribuir para entender a realidade do atendimento escolar inclusivo na escola regular, e como a escola vem sendo organizada para tal, além disso, conhecer a concepção do professor quanto à política inclusiva na escola em que atua.

Podemos entender a pesquisa como um processo de produção de conhecimento de uma dada realidade. Por ser uma prática de indagação de um determinado fato, esta pesquisa, trata-se de um instrumento utilizado para se conhecer melhor as práticas pedagógicas inclusivas realizadas nas escolas pesquisas, em relação ao acolhimento à inclusão da pessoa com deficiência.

A pesquisa também teve um caráter qualitativa, pela análise dos dados atrelados às opiniões e informações sobre o tema pesquisado. Portanto, embora seja uma prática teórica, a pesquisa reflete a práxis, iluminada pela teoria. O termo "pesquisa" significa, segundo o dicionário Aurélio (FERREIRA, 1986, p. 1320), "indagação ou busca minuciosa para averiguação da realidade, investigação, inquirição", ou seja, uma forma de conhecer a realidade e com ela poder compreender melhor esta realidade vivida, com o propósito de melhorar as práticas. Citamos:

> Entendemos por pesquisa a atividade básica da Ciência na sua indagação e construção da realidade. É a pesquisa que alimenta a atividade de ensino e a atualiza frente à realidade do mundo. Portanto, embora seja uma prática teórica, a pesquisa vincula o pensamento e ação. Ou seja, nada pode ser intelectualmente um problema, se não tiver sido, em primeiro lugar, um problema da vida prática (MINAYO, 2002, p. 17).

3.1.2. Público da pesquisa

O público da pesquisa são profissionais das escolas convidadas a fazer parte da pesquisa. São professores e gestores que atuam nas redes: municipal e estadual de São Paulo. Os participantes foram 15 professores e, em sua maioria, acumulam cargos. Atuam na Educação Infantil, Ensino Fundamental I e II e Ensino Médio.

3.1.3. Instrumentos de coleta de dados

A coleta de dados foi realizada pela pesquisa bibliográfica, por livros, documentos impressos, artigos e revistas educacionais. Também coletamos informações pelo questionário, com o objetivo de entender a implantação da Educação Inclusiva na escola, com foco no atendimento da criança e ou, do estudante com deficiência. O questionário apresentou perguntas abertas, visando entender a organização da escola na Educação Inclusiva, a ação docente no processo inclusivo, bem como, perceber a garantia de direitos conforme a legislação e a realização desses direitos na prática, revelados em na concepção de ensino aprendizagem.

Iniciou-se com uma conversa pedagógica acerca da implantação da escola inclusiva e na sequência, o preenchimento do questionário, com o objetivo de compilar as informações obtidas pelos professores participantes.

O diálogo estabelecido com os profissionais da escola, teve o seguinte direcionamento: resumo da legislação mundial sobre educação para todos, direitos das pessoas com deficiência e os desdobramentos no Brasil; um breve histórico sobre educação inclusiva, educação especial e os paradigmas da deficiência; a nomenclatura da pessoa com deficiência ao longo do tempo; o processo de formação dos professores e métodos de ensino, entre outros aspetos.

Após a discussão, alguns professores responderam ao questionário sobre inclusão escolar, e teve como referência, a escola a qual o professor trabalha.

As questões apresentadas para direcionar a escrita dos professores participantes foram: o que é uma Escola Inclusiva? Quais os desafios encontrados no cotidiano escolar para implementar a Educação Inclusiva? O que difere a Educação Especial e Educação Inclusiva? Você tem conhecimento da

Legislação Brasileira sobre a Educação Especial e a Educação Inclusiva? Qual o termo correto para deficientes? Ou Em que momento realizamos a avaliação na escola? Como atender o educando com deficiência? O que são as barreiras relacionadas ao processo inclusivo?

Todos os profissionais ficaram livres em seu depoimento, podendo trazer outros elementos para análise que são dificultadores ou facilitadores em sua prática pedagógica.

A ideia é trazer esses relatos no livro, para que possamos perceber como a escola se apresenta, frente o atendimento inclusivo, e através dessa publicação ampliada e atualizada, poder levar estas informações para outros profissionais, que buscam trocar conhecimentos para ampliar e melhorar o atendimento inclusivo e, consequentemente, a qualidade da educação brasileira.

3.1.4. Análise dos dados

Este livro propões dialogar com profissionais da educação sobre a construção da escola inclusiva. O objetivo foi o de abordar a trajetória histórica da educação especial e da educação inclusiva, destacando a legislação como um ponto importante, para a implementação da educação na perspectiva inclusiva e compreender as ações necessárias à garantia dos direitos de "Educação Para Todos" no ensino regular. Os dados da pesquisa foram apresentados destacando parte dos relatos, analisados pela discussão e justificados conforme os resultados estabelecidos.

A lei garante a inclusão escolar para todos, independentemente, de suas diferenças. Porém, o que entendemos por ACESSO e PERMANÊNCIA? Será que abrir a porta da escola e ter crianças e adolescentes público da Educação Especial, ou em situação de inclusão em sala de aula garante o significado da palavra "INCLUSÃO ESCOLAR?".

O objetivo da pesquisa foi entender como professores estão enfrentando o desafio de construir uma escola inclusiva, uma vez que estão na ativa, em contato direto com a demanda escolar nas instituições de ensino. A partir dos relatos dos professores, podemos perceber o perfil da política de inclusão desenvolvida na cidade de São Paulo. Para entender mais criteriosamente o processo de inclusão, o questionário com perguntas abertas, trouxe informações valiosas sobre as práticas inclusivas da escola, para o desvelamento desta pesquisa.

Dos 22 (vinte e dois) professores que receberam o questionário, apenas 15 (quinze) professores devolveram o instrumento devidamente respondido, porém, não houve prejuízo no levantamento de dados. Usamos códigos (de P1 a P15) ao invés do nome dos professores, assim como, nos referimos às escolas como (escola1 e escola2) para evitar a identificação do grupo e local participante.

Na primeira etapa da pesquisa de campo, de maneira sucinta, ficou estabelecido o perfil profissional do grupo participante. 5 (cinco) são sexo masculino e 10 são do sexo feminino; 8 (oito) professores têm mais de 20 anos de tempo de serviço no magistério e 7 (sete) professores têm entre 10 (dez) e 20 (vinte) anos na carreira docente. Em relação a jornada de trabalho desses professores, foi verificado que 7 (sete) professores atuam apenas em uma escola e 8 (oito) professores realizam acúmulo de cargos com a própria prefeitura e/ou no estado de São Paulo. Todos os professores possuem curso superior: P1 Letras e Mestrado em Educação; P2 Geografia, atuou como gestor (Diretor de Escola e Coordenador Pedagógico); P3 Letras e Pós graduação em Literatura Moderna e Contemporânea; P4 Matemática, Engenharia Mecânica, Especialização em Matemática, Pedagogia e Libras; P5 Letras, Inglês, Cursou 3 anos de Engenharia Civil,

Informática Educativa, atua como Professor Orientador de Informática Educativa -POIE; P6 Economia, Matemática, Pós graduação em Docência do Ensino Superior, Psicopedagogia Clinica e Institucional, Mestrado em Educação; P7 Educação Física; P8 Pedagogia, Arte, atua como Professor Orientador de Sala de Leitura - POSL; P9 Pedagogia; P10 Pedagogia, Pós em Libras e Ludoterapia, atua como Coordenadora Pedagógica; P11 CEFAM (Magistério), Pedagogia; P12 Magistério, Letras, Especialização em Docência do Ensino Superior, Extensão Universitária em Contação de Histórias e Música; P13 Pedagogia, P14 Pedagogia, P15 Pedagogia.

A questão (1), buscou verificar a concepção sobre a Educação Inclusiva, ou seja, como o professor percebe a construção da escola inclusiva na unidade escolar em que atua. As respostas dos professores foram transcritas na tabela 1.

Tabela 1 – Opinião dos professores sobre escola inclusiva.

QUESTÃO 1	
ESCOLA 1	
P1	A escola inclusiva é aquela que acolhe a todos, na sua diferença e garante o aprendizado para o aluno que tem necessidades e para o que não tem.
P2	A escola inclusiva busca compreensão das novas identidades. Inclusão é o oposto de exclusão. Nem todos participam do processo de inclusão.
P3	O Brasil está caminhando à construção da escola inclusiva. Hoje existe mais conhecimento e ainda muito preconceito. Escolas registram no papel que existe o trabalho inclusivo, mas na prática não tem.

P4	A escola inclusiva está num processo inicial. As escolas estão recebendo alunos de inclusão e não tem preparo para recebê-los. Ainda existe escola sem rampa e são dadas soluções paliativas para resolver as situações de inclusão, exemplo, troca de sala por não poder acessar piso superior. O banheiro não é adequado. Algumas escolas são equipadas são equipadas, mas outras, só na teoria; não tem recursos humanos, falta material, falta informações para o atendimento correto, não conhece o caminho a percorrer e o atendimento é feito de forma superficial, o professor sem formação adequada não consegue dar atenção adequada e necessária. Não tem atividades diferenciadas, não tem apoio do Coordenador Pedagógico, falta acompanhamento sistemático para o atendimento do aluno de inclusão.
P5	A Educação Inclusiva já foi iniciada no Brasil. Existem vários recursos e várias formações destinadas à escola. O país ainda engatinha na perspectiva inclusiva.
P6	A escola inclusiva é bonita no papel, parece projeto bem alicerçado, na prática, em sala de aula, é muito mais difícil. A formação continuada é importante, incentiva a busca pelos conhecimentos. Precisamos de mais estrutura e muita formação, são realidades múltiplas e as defasagens são enormes, o professor se encontra limitado, precisa ampliar os estudos para se preparar. As políticas públicas não chegam com eficiência na escola e o cotidiano ainda é precário.
P7	A educação inclusiva é um grande desafio, uma proposta necessária, vem percorrendo um caminho de sucesso, avançou em algumas metas educativas no atendimento do público especial e vem melhorando a cada dia. Ainda necessitamos de tempo para alcançar a proposta.

Com base nas respostas obtidas, podemos afirmar que a escola inclusiva avançou em sua implementação, e a maioria dos professores têm claro o conceito de "Escola Para todos", entendem ser papel da escola acolher e oferecer uma educação de qualidade, visando o acesso e a permanência, considerando as diferenças de cada criança/estudante. As respostas P1, P5, P7, P8, P9, P10, P11, P12, P13, P14 e P15 demonstram conhecer a construção da escola inclusiva. P5 enfatiza os vários recursos e as várias formações que são destinados à escola. A resposta do P2, salienta que inclusão é o oposto de exclusão e diz que nem todos participam do processo. O P3 destaca que ainda existe muito preconceito em relação a Educação Inclusiva e que algumas escolas registram que há o trabalho inclusivo, porém na prática não acontece. P4 aponta a falta de preparo às práticas inclusivas, a falta de infraestrutura, a falta de recursos materiais e humanos, a falta de serviços, de apoio, de informação e formação. Além disso, fala sobre soluções paliativas para situações de inclusão. P6 relata que a inclusão ainda está no papel e destaca a importância da formação continuada como forma de preparar o professor. Complementa dizendo, que as políticas públicas não chegam com eficiência na escola e que o cotidiano escolar ainda é precário.

A inclusão é um desafio muito maior que abrir as portas da escola e realizar a matrícula. Incluir traz consigo a tarefa de criar condições para o atendimento e aprendizagem de todos. Isso significa ter compromisso com a permanência e com a qualidade do ensino.

A educação é um direito de todos, está alicerçada na aceitação das diferenças e na valorização da pessoa, independentemente, de fatores físicos ou psíquicos. A escola é um espaço privilegiado de socialização e de interações, onde a criança/estudante realiza as trocas do que aprende na escola e fora dela, garantindo a construção dos conhecimentos significativos e desenvolvimento humano. A escola é o local para promoção de práticas educativas que garantam o acesso ao currículo, às informações, a participação da criança ou estudante no seu desenvolvimento e na aquisição das aprendizagens, por meio de políticas públicas efetivas, recursos e serviços com apoio e parcerias que garantam a rede de proteção. A inclusão compromete-se com a oferta de educação para todas as crianças/estudantes, respeitando as suas especificidades e potencialidades, independente da condição que possuem.

Os princípios da educação inclusiva defendem que toda pessoa tem direito à educação, que toda pessoa aprende, que a aprendizagem se dá de forma singular e que cada um aprende de forma única, portanto, não existe molde ou receita pronta, o ambiente escolar visa a construção da diversidade, das diferenças e, é justamente esta característica, que beneficia a todos. Para tanto, faz-se necessário a ação competente e eficaz da escola na criação de estratégias e oportunidades, e na eliminação das barreiras para possibilitar a formação de todos.

A educação inclusiva, hoje abarca a educação especial e defende a matrícula e permanência da pessoa com deficiência no ensino regular, o combate as atitudes discriminatórias propõe uma educação adequada e eficiente. Segundo Abenhaim (2005), dentre outras questões, coloca que: "as pessoas com necessidades educativas especiais devem ter acesso às escolas comuns que deverão integrá-las numa pedagogia centralizada na criança, capaz de atender a essas necessidades" (p.43). Um dos princípios da inclusão escolar, de acordo com a legislação, consiste em que as escolas reconheçam a diversidade humana e possam responder a todas as diferenças, assegurando-lhes uma educação de qualidade que proporcione aprendizagem por meio de um currículo apropriado, e promova modificações organizacionais, de estratégias de ensino e uso de recursos, dentre outros quesitos, (UNESCO apud MENDES, 2002), com objetivo de atender as especificidades de cada um. Sassaki (1998, p.9) explicita o paradigma da inclusão:

> ... Esse paradigma é o da inclusão social - as escolas (tanto comuns como especial) precisam ser reestruturadas para acolherem todo espectro da diversidade humana representado pelo alunado em potencial, ou seja, pessoas com deficiências físicas, mentais, sensoriais ou

múltiplas e com qualquer grau de severidade dessas deficiências, pessoas sem deficiências e pessoas com outras características atípicas, etc. É o sistema educacional adaptando-se às necessidades de seus alunos (escolas inclusivas), mais do que os alunos adaptando-se ao sistema educacional (escolas integradas). SASSAKI, 1998 P.9

A questão 2 traz os desafios encontrados no cotidiano escolar para implementar a Educação Inclusiva. Veja percepção do professor na Tabela2:

QUESTÃO 2	
ESCOLA 1	
P1	O desafio da educação inclusiva é garantir esse aprendizado.
P2	Eu acredito que o maior desafio da inclusão seja a percepção educacional de todas as instâncias institucionais, falta muita coisa ainda na escola.
P3	Vejo que as escolas precisam se equiparem com materiais e outros recursos para auxiliar o trabalho docente.
P4	O desafio para nós tem sido em tentar adaptar uma situação de aprendizagem, pela ausência de estrutura física, formação docente para que possamos aprender e atender melhor e saber lidar com as situações de aprendizagens para inclusão.
P5	Considero que existem muitos desafios: as barreiras arquitetônicas, algumas foram eliminadas, mas ainda existem muitas. Outra barreira importante a ser citada, é a formação do professor em relação à inclusão... percebo que há certa confusão entre incluir e assistencialismo. As questões políticas, muitas vezes, prejudicam as políticas públicas e barram os avanços, exemplo, a corrupção. Em relação à legislação sinto que faltam debates, pois, alguns aspectos da inclusão não são bem esclarecidos, inclusive sobre a real necessidade de o aluno ser encaminhado ou não, para um atendimento especializado, ou se sua deficiência pode ser sanada apenas por um apoio pedagógico.

P6	O desafio da Educação Inclusiva é realmente formar pessoas, mesmo que tenham estudiosos e teóricos que entendem o assunto, muita gente não entende e os educandos estão na mão de quem não entende, não tem conhecimento, tem suas limitações com aquela realidade. Alguns conseguem ir adiante, buscar conhecimentos, apoio e estudo, em uma gestão, psicologia ou psicopedagogia, com profissionais experientes que tem clareza sobre o assunto, mas a maioria não consegue absorver isso, sendo muito triste, tendo um trabalho solitário, sem apoio e recursos, o atendimento fica muito aquém das necessidades do educando. Quando se fala em Educação Inclusiva é muito complexo e o professor precisa se integrar dos conhecimentos para o desenvolvimento pleno. Observando que quando ele pega o educando, não sabe como veio, como está e como vai deixar, então é muito complicado, pois você pega um processo em andamento, do qual não se tem muito conhecimento e acaba não contribuindo, deixando estagnado, tão qual chegou. Inclusive perde no caminho, um trabalho consolidado, uma pesquisa, uma sondagem, uma avaliação diagnostica. Perdemos muitas coisas, por não saber seguir o percurso.
P7	Os desafios da Educação Inclusiva seriam: a infraestrutura das unidades escolares, a capacitação dos profissionais preparando-os para o acolhimento e desenvolvimento de um trabalho específico para o atendimento das necessidades especiais.
P8	Os maiores desafios estão na resistência dos educadores em acolher, dizendo que são incapazes de atender o deficiente.
ESCOLA 2	
P9	Os desafios que vejo hoje são, em sua grande maioria, a falta de parcerias para que haja um trabalho em conjunto entre a escola e os equipamentos do governo.
P10	Quanto aos desafios relacionam-se aos processos culturais, sociais e estruturais. Embora, aos poucos os entraves vêm sendo superados.
P11	Os desafios encontrados são a falta de parcerias e equipamentos para atender as necessidades dos educandos.
P12	Penso que as políticas públicas são morosas em nosso país, porém, existe uma inclusão tão efetiva e valorosa quanto a acessibilidade que é a "atitudinal", ou seja, o comportamento das pessoas diante de uma criança ou estudante que precisa da inclusão.

P13	Criar condições para o acesso e permanência de todos os envolvidos.
P14	Criar condições para o acesso e permanência de todos os envolvidos.
P15	Criar condições para o acesso e permanência de todos os envolvidos.

Percebe-se nitidamente a preocupação dos professores em relação ao efetivo aprendizado da criança/estudante de inclusão.

Os principais desafios apontados pelo grupo foram:

- Garantir o aprendizado – criar condições para o acesso e a permanência – adaptações de situações de aprendizagem;
- Construção de rede de apoio (parcerias com instituições e equipamentos / governo);
- Garantir recursos humanos e materiais;
- Eliminar barreiras arquitetônicas;
- Formação docente;
- Garantir as políticas públicas e os projetos de forma efetiva e eficiente na escola;
- Realização de avaliação diagnóstica com desdobramento no planejamento e garantia de aprendizagens;
- Formação continuada, apoio pedagógico (parcerias internas/ trocas);
- Conhecer a legislação (entender as garantias à inclusão – percorrer os caminhos);
- Processos culturais, sociais e estruturais (Sociedade inclusiva – garantir que todos, em todos os lugares tenham reconhecimento igualitário);
- Eliminação da barreira atitudinal (aceitação das diferenças por todos – sem discriminações e preconceitos);

- Diminuição do número de criança/estudantes por turma.

A questão 3 enfatiza as diferenças entre Educação Especial e a Educação Inclusiva. Veja as diferenças pelo olhar do professor na Tabela3:

QUESTÃO 3	
ESCOLA 1	
P1	A Educação Especial está focando esses alunos que têm necessidades especiais, como eu trabalho com esse aluno dentro das condições dele intelectuais, motoras, etc. A Educação Inclusiva abrange todos os alunos, desde aquele que tem necessidades ao que não tem, o considerado normal. Trata-se de uma educação para todos, nas suas idades, no gênero, enfim...
P2	A Educação Especial permeia a Educação Inclusiva, sendo que essa segunda tem um olhar sobre o que é especial. Todos nós temos uma determinada dificuldade e as vezes não percebemos, mas de fato precisamos ter um olhar muito mais aguçado sobre a Educação Especial, porque a escola ela deve muito isso, não por conta de um processo de não fazer as tentativas, mas um processo de aprendizagem mesmo, dentro do seu ambiente e da sua condição institucional.
P3	Educação Especial e Educação Inclusiva são termos que ainda me confundem no entendimento das especificidades de cada um deles.
P4	A diferença entre Educação Especial e Educação Inclusiva, seria que na Educação Especial precisamos atender as necessidades Especiais, inclusive com suporte de equipamentos, por exemplo, o deficiente visual precisa aprender o braile como facilitador das suas aprendizagens. Que ele tenha um professor especialista para acompanhá-lo. Na Educação Inclusiva ele tem que participar da educação comum, que tenha interação com os demais, sendo aceito pelo grupo. Ele precisa se sentir parte da situação de convívio. A sala de recursos do estado sempre deu apoio para o fundamental I (do 1º ao 5º ano), no fundamental II (do 6º ao 9º ano) sempre ficaram perdidos, soltos na escola, sem apoio direcionado.
P5	S/INFORMAÇÃO
P6	No meu ver a Educação Especial e Educação Inclusiva são distintas no conceito, porém não tenho conhecimento para defini-las. Na prática tem que ser para todos respeitando suas múltiplas diferenças, defasagens, deficiências, trazendo-os para a realidade social. Tenho educandos especiais e acho muito difícil o trabalho com eles, por falta da formação. Sei que devemos sensibilizar o olhar, compartilhar com o coletivo, estimulá-los a participação e no desenvolvimento das atividades, buscar saberes no próprio educando, sem rotular, buscar informações de todo o percurso dele; trazer subsídios da vida afetiva, familiar, escolar e realizar um portfólio contínuo, registros da vida escolar e do seu desenvolvimento integral, dando continuidade no processo e fortalecendo o percurso.

P7	A diferença entre a Educação Especial e a Educação Inclusiva seria, na educação especial, entendo que temos que dominar algumas técnicas pedagógicas para garantir o desenvolvimento do aluno especial. A educação inclusiva é uma proposta que tenta incluir o educando especial em uma rotina regular na escola tradicional, e tenta adequá-lo e inclui-lo aos métodos de ensino que são ofertados para os alunos que não são especiais.
P8	Escola especial é específica para atender as necessidades do educando. Já a escola inclusiva todos interagem aprendendo coletivamente, cada um no seu tempo e habilidades. Não tenho muito conhecimento. Só o básico: que é um direito de todos, incluindo as necessidades especiais.
ESCOLA 2	
P9	A educação especial é direcionada para o aluno com deficiência e, na educação inclusiva, todos, independentemente de sua condição, convivem e aprendem juntos.
P10	A educação especial atende as pessoas com deficiência, já a educação inclusiva atende a "todos".
P11	A educação especial atendia apenas os alunos com necessidades especiais, já na educação inclusiva todos os alunos com ou sem necessidades tem o direito de conviverem e aprenderem juntos.
P12	Tive que buscar ajuda para diferenciar as educações: especial e inclusiva, pois inocentemente, e aí afirmo que não podemos ser inocentes quando pensamos em educação; caí no erro de achar que era apenas uma mudança de nomenclatura, com as mesmas ações, mas não é, pois, a educação especial pensa um processo inteiro, em separado, para atender alunos com necessidades especiais. Por outro lado, a educação inclusiva prevê uma adaptação do sistema educacional que já existe, para garantir o acesso e a permanência de alunos com deficiência no ensino regular.
P13	Acreditamos que a Educação Especial se refere a pessoa com deficiência e a educação inclusiva, refere-se ao acolhimento e respeito de todas as diferenças e diversidade.
P14	Acreditamos que a Educação Especial se refere a pessoa com deficiência e a educação inclusiva, refere-se ao acolhimento e respeito de todas as diferenças e diversidade.
P15	Acreditamos que a Educação Especial se refere a pessoa com deficiência e a educação inclusiva, refere-se ao acolhimento e respeito de todas as diferenças e diversidade.

A diferença entre Educação Especial e Inclusiva, a primeira é voltada exclusivamente para o púbico definido na lei, seja o atendimento em escola comum ou especial.

A educação Inclusiva, refere-se à diversidade, ao direito que todo ser humano tem à educação. Nela as necessidades são especificas de cada estudante e serão atendidas pelo professor e garantidas pela escola.

Podemos observar na tabela3 que existe confusão, por parte dos professores, no entendimento dos conceitos de educação especial e inclusiva. Porém, a maioria entende que educação inclusiva diz respeito a inclusão de todos, nela as diferenças são vistas como diversidade humana, e o pedagógico trabalha criando oportunidades de aprendizagem e de convivência escolar, acolhendo a todos os educandos.

O Plano Nacional de Educação (2014), define a Educação Especial da seguinte forma:

> A educação especial é uma modalidade que perpassa os níveis, etapas e modalidades da educação brasileira e atende a educandos com deficiência, transtornos globais do desenvolvimento e altas habilidades ou superdotação [...] Na perspectiva inclusiva, a educação especial integra a proposta pedagógica da escola regular, de modo a promover o atendimento escolar e o atendimento educacional especializado complementar ou suplementar aos estudantes com deficiência, com transtornos globais do desenvolvimento, com altas habilidades ou superdotação. (PNE, 2014)

A Educação Especial está contida na Educação Inclusiva, o que difere é a atenção com a legislação que garante a os direitos para a quebra das barreiras e criação de meios para que, tanto o público da Educação Especial, quanto os outros que estão na condição de inclusão, consigam ter acesso ao currículo e tenham os mesmos direitos nas aprendizagens.

Na escola regular a Educação Inclusiva abarca a Educação Especial, o espaço escolar passa por transformações para atender a diversidade e as diferenças, pois todos têm direito de aprender. Na escola inclusiva o olhar é sensibilizado para atender as necessidades de cada um. Educar a todos em um mesmo contexto escolar, quebrar barreiras e equiparar as oportunidades para garantir as aprendizagens e a equidade.

A questão 4 refere-se ao conhecimento sobre a legislação vigente sobre educação especial e educação inclusiva. Observe a colocação do professor sobre esse quesito na Tabela4:

QUESTÃO 4	
ESCOLA 1	
P1	Conhecimento da Legislação Brasileira sobre a Educação Especial e a Educação Inclusiva, tenho pouco. Não tenho formação em Educação Especial, estudei a legislação para o concurso público, inclusive no material da Secretaria de Educação Municipal, o Caderno da Cidade destinado aos alunos, tem legislação sobre a inclusão e eu trabalhei com eles, estudamos a lei a nova nomenclatura para deficientes, como ela se transformou e a questão dos direitos dessas pessoas que devem ser incluídas. O pouco que conheço é do Caderno da Cidade e dos estudos para o concurso que eu busquei.
P2	De fato, as leis, as formas de absorção dessas novas práticas de inclusão precisam ser aprendidas, porém dentro de um processo de coisas novas que a escola pode promover, compreendendo que as diferenças estão sendo permeadas nos vários grupos da educação escolar. De fato, as leis, as formas de absorção dessas novas práticas de inclusão precisam ser aprendidas, porém dentro de um processo de coisas novas que a escola pode promover, compreendendo que as diferenças estão sendo permeadas nos vários grupos da educação escolar. A legislação brasileira é bastante forte nesse sentido e as grandes formas que foram feitas tanto fora como dentro do país, que já permeiam isso nas leis de transformações nas esferas governamentais, melhora o processo de inclusão, principalmente, a LDBEN que sensibiliza o olhar muito mais aguçado nessa questão. Os avanços na Constituição Federal de 88, com suas Emendas, que abre um aspecto importante nesse sentido. A legislação deve ser verificada por cada educador porque isso vai lhe dar maior chão, mais compreensão de todo o processo.

P3	Não lembro de detalhes da legislação, mas sei os princípios, todos têm direitos iguais, sem preconceitos e discriminação de qualquer natureza.
P4	A legislação brasileira fala muito que temos que colocar esses alunos em contato com os outros, temos conhecimento dos documentos, mas não sabemos a fundo, pois acabamos tendo contatos superficiais com as leis, faltando clareza no entendimento. Mas conheço os princípios e sei que temos que oportunizar tudo para todos, para que tenham os mesmos direitos e, hoje em dia, pelo estudo sobre os Objetivos do Desenvolvimento Sustentável percebemos que todas as necessidades devem ser atendidas.
P5	Em relação à legislação sinto que faltam debates, pois, alguns aspectos da inclusão não são bem esclarecidos, inclusive sobre a real necessidade de o aluno ser encaminhado ou não de um atendimento especializado, ou se sua deficiência pode ser sanada apenas por um apoio pedagógico.
P6	... perceber o que os documentos oficiais falam sobre criar essa inclusão, o acolhimento, eliminar as barreiras.
P7	O meu conhecimento sobre a legislação brasileira sobre inclusão é básico. Conheço as diretrizes, proposições e princípios. Ela fala sobre a inclusão do aluno especial, sua participação nas atividades da escola, inclusive em períodos que podem ser reduzidos de acordo com as necessidades especiais de cada aluno, mas que deve frequentar a escola regular. Desconheço as minúcias da lei e aspectos mais técnicos.
P8	Não tenho muito conhecimento. Só o básico: que é um direito de todos, incluindo as necessidades especiais.
ESCOLA 2	
P9	Conheço as leis, são várias e elas sempre mudam para atender e melhorar o atendimento a esse público.
P10	Quanto à legislação pertinente a educação especial, procuro conhecer, bem como, a educação inclusiva, mas confesso que ainda preciso me apropriar não só para leitura, mas, também para estudo.
P11	Conheço a legislação incluindo os decretos que são atualizados para atender a inclusão para todos.
P12	Quando penso em educação especial ou inclusiva, a primeira coisa que me vem à mente é a "Declaração de Salamanca" de 1994.
P13	Nosso conhecimento sobre a legislação foi através da formação acadêmica e durante os horários formativos na escola.
P14	Nosso conhecimento sobre a legislação foi através da formação acadêmica e durante os horários formativos na escola.

P15	Nosso conhecimento sobre a legislação foi através da formação acadêmica e durante os horários formativos na escola.

O exposto na tabela4, nos mostra que os professores não conhecem os detalhes na legislação da Educação Especial e Inclusiva. Muitos tiveram o contado com as leis nos cursos de formação inicial ou durante o estudo para realização de concurso público.

Os próprios professores apontam a necessidade da formação continuada com estudos sobre inclusão. Conhecem os princípios básicos da educação, mas precisam apropriar-se dos documentos.

Na questão5, à escola1 (ensino fundamental) foi perguntado sobre o termo correto para tratar a pessoa com deficiência e para a escola2 (educação infantil) foi perguntado em que momento começa a avaliação no processo educativo da criança, com o objetivo de adequar as práticas. Veja a resposta do professor sobre estes quesitos na Tabela5:

QUESTÃO 5	
ESCOLA 1	
P1	O termo correto para deficientes, inclusive de acordo com esses textos são pessoas com necessidades especiais, porque antes usávamos portador, existe a explicação que eles não carregam nada para depois deixar de lado, é algo que eles têm e que acompanham eles pela vida, eles têm necessidades especiais.
P2	O tema correto para deficientes de acordo com estudos ao longo do tempo, tem sido colocado de forma subliminar, em minha opinião, são pessoas com determinadas necessidades especiais, esse termo me parece mais tranquilo para ser tratado.
P3	Acredito que o termo correto para deficientes após a mudança realizada recentemente seja, pessoas com necessidades especiais.

P4	A nomenclatura seria pessoa com necessidades especiais, que variam conforme a deficiência (motora, intelectual, visual, auditiva etc.), cada um deles precisa ser tratado de uma forma distinta devido a sua necessidade para que sejam incluídos.
P5	Há muitas controvérsias quando o assunto é inclusão. O termo mais comum utilizado atualmente para tratamento do deficiente, considerando os diversos especialistas e suas pesquisas, é pessoa com deficiência e na sequência especificar a deficiência de cada um.
P6	SEM INFORMAÇÃO
P7	O termo correto para deficientes, pessoa com necessidades especiais. Eu sei que portadores de necessidades especiais já está ultrapassado.
P8	O termo utilizado para deficientes, apesar de ter um termo romantizado, "especial" acho mais agradável.
ESCOLA 2	
P9	A avaliação no processo educativo começa no acolhimento que é o momento em que temos a oportunidade de observar, reconhecer e entender a criança e suas necessidades.
P10	Creio que a criança ou o estudante ao adentrar na escola pode ter acesso as adequações avaliativas necessárias.
P11	A avaliação do processo educativo deve ocorrer em todos os momentos, através do acolhimento familiar, observação e escuta do educando durante o período escolar.
P12	O processo de avaliação começa a partir do momento em que conhecemos a criança e *ela* é contínua até que o ano letivo se encerre.
P13	A avaliação ocorre desde o momento em que a criança chega na escola, através da observação e da escuta atenta.
P14	A avaliação ocorre desde o momento em que a criança chega na escola, através da observação e da escuta atenta.

P15	A avaliação ocorre desde o momento em que a criança chega na escola, através da observação e da escuta atenta.

Na tabela5, podemos ver como o professor percebe a forma de tratamento da pessoa com deficiência e como entende o processo de avaliação para adequar as práticas educativas.

O termo utilizado para se referir a pessoa com deficiência, variou muito, conforme a época e os valores defendidos na sociedade vigente. Esse passa a ser um tema importante no estudo da inclusão, pois a partir dele, vamos compreender os contextos em que se deram tal termo e os paradigmas defendidos naquele momento histórico.

Quando o professor conhece o porquê das mudanças na nomenclatura, compreende melhor as políticas criadas para a garantia dos direitos, mediante tanto preconceito e discriminação que ocorreu em determinado período social, com relação ao público da educação especial. Como citou um dos professores "portador", traz a conotação que a pessoa "porta" uma deficiência. A deficiente faz parte da pessoa, seja de forma inata ou adquirida e, por isso, ela não é "portadora", a deficiência não é algo que esteja temporariamente com ela. Assim, estudar é o caminho para clarificar o entendimento histórico e a situação atual do que precisamos e podemos fazer para mudar uma história de ausências e negação.

Para o professor, a avaliação começa no acolhimento e continua ao longo do processo de aprendizagem. Se dá pela observação, escuta atenta e identificação das necessidades.

A questão 6 buscou averiguar a visão dos professores sobre a maior barreira relacionada ao processo inclusivo. Observe as respostas dos professores na Tabela6:

QUESTÃO 6	
ESCOLA 1	
P1	O que entendo sobre as barreiras é que elas não são só do aluno, elas são vistas como social. Por exemplo, se não temos uma rampa na escola, isto é visto como uma barreira, porque é uma dificuldade para esse aluno e não é uma barreira dele, é algo da escola. Neste sentido, temos barreiras nas calçadas, nas ruas, no transporte coletivo; então estas dificuldades que são impostas para essas pessoas são obstáculos da sociedade e impedem os seus desenvolvimentos.
P2	As barreiras comentadas nos documentos oficiais se dão na prática devido à falta dessa percepção, desses conhecimentos. As barreiras, por exemplo, estruturais dentro de uma escola precisam ser vencidas, a falta de conhecimento precisa ser trabalhada, a falta de informação sobre as instituições de apoio, de um melhor aprofundamento, precisa ser vencida. Acredito que hoje a maior barreira é a falta de conhecimento por parte dos profissionais, não por culpa dele, mas por causa do processo que ainda não foi totalmente legitimado.
P3	Com relação as diversas barreiras que existem dificultando o desenvolvimento do educando, só me passa pela cabeça que temos que eliminá-las para facilitar a vida dele. A escola desde sua construção precisa pensar em ser inclusiva, em ter tudo para todos, e não ter que modificar quando recebe uma criança, os equipamentos e materiais que realizam o processo de inclusão precisa existir na instituição de ensino.
P4	Sobre as barreiras, as vezes surgem até por parte do próprio governo que não contribui em facilitar, mesmo com legislações para melhoria da condição do atendimento, exemplo, ter um psicólogo na escola. Este projeto lei foi vetado.
P5	Considero que existem muitos desafios, inicialmente podemos destacar a situação das pessoas com dificuldades de locomoção que enfrentam diversas barreiras arquitetônicas. Os governos e os sistemas educacionais foram ao longo do processo eliminando essas barreiras, mas ainda existem muitas. Outra barreira importante a ser citada, é a formação do professor em relação à inclusão. Precisamos que tenha mais amplitude no estudo, porque percebo que há certa confusão entre incluir e assistencialismo.
P6	...perceber o que os documentos oficiais falam sobre criar essa inclusão, o acolhimento, eliminar as barreiras.
P7	As barreiras são distintas em cada unidade escolar para o atendimento especial. Em cada situação o apoio é específico e as barreiras são muitas.

P8	Uma grande barreira que encontramos são números excessivo de alunos que atrapalham atendimento a todos, inclusive do aluno com deficiência.
ESCOLA 2	
P9	Entendo que a falta de compromisso político acaba criando barreiras físicas e estruturais. A maior barreira é a falta de parcerias que realmente funcionem entre as escolas e os equipamentos.
P10	Compreendo como "barreiras" as atitudinais e as arquitetônicas, considerando que cada pessoa tem suas particularidades e potencialidades. Como a maior barreira para a qualidade do ensino, penso ser o conhecimento e as articulações entre as instâncias.
P11	As barreiras seriam a falta do compromisso político e uma vontade política em apoiar os setores sociais, culturais e econômico. Acredito que a maior barreira seja a falta de compromisso em geral.
P12	Entendo que as primeiras barreiras encontradas são arquitetônicas, pensando nos cadeirantes, pessoas que usam muletas. Apesar de saber que existem outras barreiras, cito apenas mais uma que considero muito importante para reflexão, a atitudinal, pois esta, contribui para minimizar as outras barreiras. Por exemplo, algumas pessoas podem não estar cientes que as dificuldades existentes para chegar ou entrar em um lugar podem limitar uma pessoa com deficiência. Então, não enxergam como problema tal situação e minimizam as tomadas de decisões para resolver o problema. Acredito que as barreiras, por falta de políticas públicas, que visem sanar todas as demais barreiras, que impedem o acesso e a permanência a uma escola pública de qualidade, seja nosso maior empecilho para levar adiante um número maior de projetos que contemplem as necessidades das crianças e estudantes em uma sociedade, que como sabemos, é deficiente econômica e culturalmente.
P13	As barreiras podem ser atitudinais e arquitetônicas. Já temos acompanhado muitos avanços sobre essas barreiras citadas, porém, precisam se adequar para garantir uma educação de qualidade. Acredito que o número de crianças em sala de aula, é uma grande barreira para a educação de qualidade, a oferta precária de cursos, a questão da remuneração do professor e o baixo número de estagiários para auxiliar em sala de aula.

P14	As barreiras podem ser atitudinais e arquitetônicas. Já temos acompanhado muitos avanços sobre essas barreiras citadas, porém, precisam se adequar para garantir uma educação de qualidade. Acredito que o número de crianças em sala de aula, é uma grande barreira para a educação de qualidade, a oferta precária de cursos, a questão da remuneração do professor e o baixo número de estagiários para auxiliar em sala de aula.
P15	As barreiras podem ser atitudinais e arquitetônicas. Já temos acompanhado muitos avanços sobre essas barreiras citadas, porém, precisam se adequar para garantir uma educação de qualidade. Acredito que o número de crianças em sala de aula, é uma grande barreira para a educação de qualidade, a oferta precária de cursos, a questão da remuneração do professor e o baixo número de estagiários para auxiliar em sala de aula.

Com relação as barreiras, entender que elas existem e promover a eliminação delas dará condições à pessoa ter acesso à educação. Em algum momento da vida, provavelmente, já enfrentamos uma barreira, e para as pessoas com deficiência pode ter um impacto maior e muita dificuldade para que consiga superá-la. Admitir que existem barreiras impeditivas, é entender que a deficiência é construída socialmente.

Segundo a Organização mundial de Saúde as barreiras podem ser atitudinais, de comunicação, no ambiente físico, política, programática, social e de transporte.

Os professores consideram como grandes barreiras à escola inclusiva: a falta de compromisso político, a falta de conhecimento por parte dos profissionais da educação, a falta de formação dos professores (cursos), as questões arquitetônicas, o número excessivo de estudantes por turma, a falta de parcerias, falta de projetos, falta de recursos humanos e a baixa remuneração dos professores. As barreiras impedem o avanço da pessoa para seu desenvolvimento pleno, sendo assim, conhecer quais são as barreiras, diagnosticá-las no ambiente escolar, e entender como eliminá-las são garantias à educação inclusiva.

A questão7 e última, aborda o acolhimento/atendimento da criança/estudante com deficiência. Podemos verificar as respostas dos professores na Tabela7:

QUESTÃO 7	
ESCOLA 1	
P1	Primeiro passo deve ser realizada uma sondagem, uma avaliação diagnóstica para ver qual o nível de conhecimento desse aluno, suas capacidades intelectuais, motora, etc. Ter acesso ao laudo é fundamental para saber o que ele tem, porque nem tudo é visível. Fazer uma avaliação individual para saber quem é esse aluno, para saber o que pode, o que consegue.
P2	Receber um educando com deficiência precisamos ter essa visão, ter a sensibilidade da compreensão de todo o processo vivencial das crianças, adolescentes, das pessoas que precisam de uma certa organização, essa recepção realizada pelo educador precisa ser aprendida. Por isso, precisa conhecer mais a legislação, como a escola vem tratando disso e como está dentro das instituições. As barreiras comentadas nos documentos oficiais se dão na prática devido à falta dessa percepção, desses conhecimentos.
P3	No início do ano quando o professor pega na sua turma uma criança que necessita de um auxílio, ele vai ter que conhecê-la, diagnosticar o que ele sabe, também sua bagagem cultural (o que ela traz para nós) tentar ajudar no seu desenvolvimento com a elaboração um planejamento de trabalho com o que ele já sabe e o que pretendemos desenvolver com esse educando para que ele possa ir acompanhando e evoluindo nas aprendizagens. A gente não tem um manual de como trabalhar com esse educando, somos nós que vamos descobrindo ao longo do tempo dando aulas.
P4	Para atender um aluno na escola, o primeiro passo é incluí-lo no grupo que precisa aceitá-lo, para isso temos que fazer um trabalho de acolhimento, para que ele se sinta mais à vontade e permita que o professor se aproxime. Quando se sente rejeitado, se isola e não conseguimos acessá-lo. Fazê-lo participar de atividades coletivas em interação com os outros, com a proximidade, sempre tem um ou dois alunos que se aproximam mais ainda e tornam as situações de aprendizagem mais acessíveis, inclusive pelo carinho, fazendo com que as coisas aconteçam, melhorando as interações.
P5	S/INFORMAÇÕES

P6	Tenho educandos especiais e acho muito difícil o trabalho com eles, por falta da formação. Sei que devemos sensibilizar o olhar, compartilhar com o coletivo, estimulá-los a participação e no desenvolvimento das atividades, buscar saberes no próprio educando, sem rotular, buscar informações de todo o percurso dele; trazer subsídios da vida afetiva, familiar, escolar e realizar um portfólio contínuo, registros da vida escolar e do seu desenvolvimento integral, dando continuidade no processo e fortalecendo o percurso. Quando você tem um educando especial numa sala de aula com 30 ou 35, faz você mudar seu olhar com todos, isso afeta sua sensibilidade, provoca o estudo contínuo, a sua formação, você percebe que sua práxis está se adequando a realidade, falar a linguagem dele, ele falar a minha, perceber o que os documentos oficiais falam sobre criar essa inclusão, o acolhimento, eliminar as barreiras. O profissional da educação hoje tem que ter esse olhar um pouco mais voltado para vários âmbitos e não só para o momento de aprendizagem, até porque a aprendizagem já vem se constituindo desde a família e com muitos fragmentos e, cabe a nós professores, ter isso, não é fácil com uma sala superlotada, com múltiplas tarefas, funções, cobranças, mas faz parte das nossas atribuições, afinal foi a profissão que escolhemos e temos que fazer da melhor forma possível. Enfatizo a minha preocupação e retomo a minha fala com o acompanhamento do profissional que atua nessa realidade, antes, durante e depois, constituindo uma busca constante por compreender esse educando e toda a sua história de vida.
P7	Levando-se em consideração as várias disciplinas escolares que um educando especial têm no ensino regular, ao recebe-lo na minha disciplina, o primeiro procedimento que o professor deve ter é fazer uma anamnese, para entender a amplitude das dificuldades desse educando, suas limitações, as capacidades que ele têm, o que ele é capaz de fazer, uma observação da real situação para traçar um plano de atuação e uma perspectiva de melhora, metas para perceber até onde ele pode chegar em seu desenvolvimento. Perceber se esse aluno exige alguma atenção especial em alguma área seja motora, cognitiva, etc. Também procurar saber sobre toda a documentação que o acompanha como relatórios, laudo, tudo o que possa trazer mais informações referentes às necessidades dele e procurar ter a melhor forma de atuar com ele para ajudar no seu desenvolvimento.
P8	Professor deve inicialmente conversar com pais, saber de relatórios médicos, e de especialistas e inicialmente criar um vínculo.
ESCOLA 2	

P9	Quando recebemos uma criança o primeiro passo, como dito na questão anterior é o acolhimento, seguido de uma sondagem. Aos poucos percebemos suas necessidades e a partir disso, com estudo e planejamento, conseguiremos atender essa criança de forma significativa.
P10	Creio que a criança ou o estudante ao adentrar na escola pode ter acesso as adequações avaliativas necessárias. No meu ponto de vista, ao receber a criança/estudante com deficiência, o docente precisa acolher a pessoa, observar, conhecer, entender o convívio no ambiente familiar em diálogo com a família que poderá auxiliar no desenvolvimento do estudante na escola. A expectativa da família que podem qualificar as práticas pedagógicas. Em outras palavras: acolhimento, observação, diálogo, pesquisa e estudo.
P11	O professor precisa acolher a família e o educando para conhecer suas necessidades para melhorar o trabalho.
P12	Quando recebemos uma criança com deficiência, o primeiro passo é saber tudo sobre ela, lendo o laudo e qualquer documentação referente à mesma. Depois, conversar com os responsáveis e tentar extrair o máximo de informações possível, *por exemplo*, como se comporta em seu dia a dia em casa ou na escola, como acontece a comunicação dessa criança com o outro e quais são os cuidados necessários que a família costuma ter. Feito isso, organizar o planejamento para o acolhimento dessa criança, de forma a facilitar suas interações consigo e com as demais crianças da turma. No planejamento citado, deve constar a intenção de formação continuada nos horários de estudo da própria escola e buscar por cursos que possam favorecer o engajamento docente.
P13	Nós professoras, ao recebermos uma criança com deficiência, é importante conversar com a família, ter acesso ao laudo, pesquisar sobre, e se for o caso, orientar os responsáveis sobre as redes de proteção, e para que o professor qualifique a sua prática, é importante a formação continuada, diminuição do número de crianças em sala, apoio de estagiários em cada sala e políticas públicas que de fato cheguem na escola. Além disso, para garantir o engajamento, é importante a valorização da carreira e garantir remuneração, para que o professor se mantenha, sem precisar de trabalhar em vários turnos, comprometendo sua saúde física e mental.

P14	Nós professoras, ao recebermos uma criança com deficiência, é importante conversar com a família, ter acesso ao laudo, pesquisar sobre, e se for o caso, orientar os responsáveis sobre as redes de proteção, e para que o professor qualifique a sua prática, é importante a formação continuada, diminuição do número de crianças em sala, apoio de estagiários em cada sala e políticas públicas que de fato cheguem na escola. Além disso, para garantir o engajamento, é importante a valorização da carreira e garantir remuneração, para que o professor se mantenha, sem precisar de trabalhar em vários turnos, comprometendo sua saúde física e mental.
P15	Nós professoras, ao recebermos uma criança com deficiência, é importante conversar com a família, ter acesso ao laudo, pesquisar sobre, e se for o caso, orientar os responsáveis sobre as redes de proteção, e para que o professor qualifique a sua prática, é importante a formação continuada, diminuição do número de crianças em sala, apoio de estagiários em cada sala e políticas públicas que de fato cheguem na escola. Além disso, para garantir o engajamento, é importante a valorização da carreira e garantir remuneração, para que o professor se mantenha, sem precisar de trabalhar em vários turnos, comprometendo sua saúde física e mental.

A tabela7 apresenta o acolhimento feita pelo professor quando recebe a criança/estudante público da Educação Especial, os profissionais citam muitas ações que são realizadas para conhecer e iniciar o atendimento. Segundo eles, pode-se realizar tarefas como a sondagem; avaliação diagnóstica; leitura de laudos; verificação do que a criança/estudante sabe, pode e consegue fazer; conhecer a bagagem cultural dela; busca constante por compreender esse educando e toda a sua história de vida; inclui-lo e aceitá-lo; promover sua participação nas atividades coletivas; tornar as situações de aprendizagem acessíveis; sensibilizar o olhar; compartilhar no coletivo; buscar saberes no próprio educando; trazer subsídios da vida afetiva, familiar e escolar; realizar registros, portfólio contínuo do seu desenvolvimento; fazer anamnese; observação real da situação; perceber se o aluno exige atenção especial em alguma área, motora, cognitiva, etc.; conversar com os pais; ler relatórios médicos e de especialistas; criar vínculo; observação; estudo; planejamento; adequações avaliativas necessárias; entender o convívio no ambiente familiar em diálogo com a família; acolher a família; orientar os pais sobre a rede de proteção; viabilizar apoio de estagiários e de políticas públicas.

Algumas observações feitas pelos professores, demonstram as necessidades potenciais na visão do grupo. P2 enfatiza que o educador precisa conhecer a legislação e saber como a escola vem tratando a inclusão e como lidar com as barreiras. Completa dizendo que a escola precisa de uma certa organização e que essa recepção realizada pelo educador precisa ser aprendida. P3 fala que não temos um manual de como trabalhar com esse educando, somos nós que vamos descobrindo ao longo do tempo dando aulas. P4 fala que quando a criança/estudante se sente rejeitado, ele se isola e não conseguimos acessá-lo. Acrescenta que pelo carinho pode-se melhorar as interações. O P6 diz que acha muito difícil o trabalho por falta de formação, e que quando você tem um educando especial em uma sala com 30 a 35 alunos, faz mudar o olhar com todos. O P6 relata que hoje, o profissional da educação tem que ter o olhar voltado para vários âmbitos, e não só para o momento de aprendizagem. Diz que a aprendizagem já vem se constituindo desde a família com muitos fragmentos e, cabe a nós professores, compor o todo. Diz ainda, não ser fácil com uma sala superlotada, com múltiplas tarefas, funções, cobranças, mas faz parte das nossas atribuições, afinal foi a profissão que escolhemos e temos que fazer da melhor forma possível. Enfatiza que a situação provoca o estudo contínuo, a formação. “Você percebe que sua práxis está se adequando a realidade, falar a linguagem dele e vice-versa”, fala sobre a necessidade de perceber o que os documentos oficiais falam sobre a inclusão, o acolhimento e sobre eliminar as barreiras. P10 Ressalta que as expectativas da família podem qualificar as práticas pedagógicas. Já P12 diz que no planejamento deve constar a intenção de formação continuada nos horários de estudo da própria escola, além disso, buscar cursos que possam favorecer o engajamento do professor. P13, P14 e P15 falam sobre a importância da formação continuada à qualificação da prática docente. Falam sobre a necessidade da diminuição do número de crianças em sala, o apoio de estagiários em cada sala, e as políticas públicas cheguem de fato na escola. Além disso, observam que para garantir o engajamento, é importante a valorização da carreira e a garantia da remuneração, para que o professor se mantenha, sem precisar de trabalhar em vários turnos, comprometendo sua saúde física e mental.

Diante dos relatos, percebe-se que faltam muitos requisitos às mudanças no contexto educacional, no sentido de promover a construção da escola inclusiva e, se faz imprescindível, a participação efetiva dos profissionais da educação. É preciso compreender as concepções que compõem as práticas pedagógicas, o propósito da educação e a formação de professores para atuarem na perspectiva inclusiva.

Não existe receita pronta de como o professor deve agir ao receber uma criança/estudante com deficiência, porém, as trocas de experiências podem ampliar as possibilidades de êxito no atendimento.

Para Vygotosky, a condição humana não é dada por natureza, ela é construída no processo histórico-cultural, durante as interações sociais entre o homem e o meio. Fundamentados por essa teoria, podemos dizer que o preparo do professor na perspectiva inclusiva dependerá do resultado de suas vivências e das interações com os educandos e seus pares, em uma dinâmica que reconhece e valoriza a diversidade e as diferenças.

A formação continuada que ocorre "em serviço", necessita ser o espaço formativo sobre as práticas pedagógicas que se dão no interior da escola, visando garantir a inclusão.

> A formação continuada deve, então, ser formatada de modo a criar condições para a transformação intelectual, advinda do debate reflexivo sobre a prática docente. É durante o processo de formação permanente que, coletivamente, se discutem os desafios educacionais [...] (TAVANO, 2015, P.64)

Não se pode antever como agir, mas pode-se construir a ação docente pautados em pesquisas, trocas, experiencias cotidianas dentro e fora da escola. Ainda para Vygotsky (2007), o professor é mediador e criador de situações de aprendizagem, sendo assim, cabe a ele tornar o ambiente de sala de aula o mais agradável possível para produzir conhecimentos. Em sua teoria, Vygotsky valorizou a escola, a ação pedagógica e a intervenção. Segundo ele o professor deve usar estratégias para que seus educandos sejam autônomos, observada as habilidades para estimular o nível de desenvolvimento proximal.

Assim, um ambiente colaborativo, a troca de ideias e as vivências nos grupos auxiliam nas interações e diálogos para a construção de conhecimento. Essa dialética tanto é válida para a criança/estudante como para os professores. Vygotsky (2000), afirma que:

> O indivíduo constrói o conhecimento estando em interação com o objeto do conhecimento, mas ação do sujeito deve sempre ser mediada por outros indivíduos que detêm o conhecimento, possibilitando, a partir daí, uma interação social, uma interlocução (VIGOTSKY, 2000, p.82).

A intervenção competente do professor, trará garantias de aprendizagens e levará a criança/estudante a pensar sobre a situação da aprendizagem. Ele pensa, reflete, avalia, reavalia e decidi. Nessa interação do adulto com a criança, estabelece-se a confiança, onde ele pode expressar seus sentimentos, dar opinião, levantar questões novas referentes ao objeto estudado, enfim, o professor oportuniza a construção do conhecimento significativo. Rodrigues (2006), argumenta que, "Na escola inclusiva, as práticas devem responder às diferenças dos alunos por meio de aprendizagem diversificada para a heterogeneidade dos alunos".

3.1.5. Conclusão da pesquisa:

O mundo caminha rumo a uma sociedade cada vez mais inclusiva e a escola tem a responsabilidade de responder as demandas contemporâneas.

A ideia da construção de uma escola inclusiva que garanta o atendimento à diversidade e as diferenças humana, já havia sido previsto no Plano Nacional de Educação – PNE de 2001, o qual não atingiu o esperado e foi revisto no PNE vigente, que corresponde a década 2014-2024. Nele, o Brasil deve cumprir a meta 4, a qual prevê a universalização do acesso à educação básica e o atendimento Educacional Especializado - AEE, preferencialmente na rede regular de ensino até 2024, para todas as pessoas entre 4 (quatro) e 17 (dezessete) anos, público da educação especial.

Constata-se nos relatos dos profissionais da educação que houve avanços, muitos profissionais ampliaram seus conhecimentos em relação a Educação Especial e Inclusiva, entendendo que a escola deve acolher a todos e oferecer uma educação de qualidade, porém, ainda faltam muitos quesitos para que o atendimento inclusivo ocorra como deveria.

Percebe-se no discurso docente, que ainda estamos distantes da efetivação dessa meta e a escola ainda não é inclusiva. Os professores sinalizam às áreas mais críticas no trabalho da escola e solicitam por mais conhecimentos específicos para realizar o atendimento, necessitam saber lidar com a eliminação das barreiras e pedem por apoio de outros profissionais.

Relatam que os recursos e formações que chegam na escola, mas de forma precária, são insuficientes para atender todas as necessidades apresentadas pela demanda escolar. No que diz respeito a formação, nem todos os professores participam dos processos formativos e, além disso, há outros agravantes, dentre eles, o número excessivo de educandos por turmas; a falta da valorização da carreira; a falta de investimento na saúde física e mental dos profissionais e a baixa remuneração, fazendo com que os profissionais tenham acúmulo de cargos, compondo jornada com duas ou mais escolas. A falta de uma boa remuneração, impede que o professor possa exercer sua profissão em uma única escola, participando ativamente de todos os processos formativos, ações e projetos que contribuem para uma maior compreensão e dedicação ao atendimento inclusivo.

Segundo alguns docentes, ainda existe muita resistência em relação as mudanças à escola inclusiva. Ressaltam que, em algumas escolas a inclusão fica no registro em papel, as práticas não são efetivadas no cotidiano escolar.

Enfatizam a necessidade de o professor compreender melhor como participar e colaborar com o atendimento inclusivo. Pois, o professor não pode estar sozinho nesse processo, nem tão pouco, ser responsabilidade do coordenador pedagógico, ambos os profissionais necessitam ser assistidos com todo aparato previsto na legislação, e ter apoio de todos nas mudanças. Observa-se que os profissionais da educação se preocupam com o processo de inclusão, e buscam suprir as necessidades das crianças e adolescentes, mesmo quando a escola permanece estagnada, sem eliminar as barreiras existentes para melhorar o atendimento e as práticas pedagógicas inclusivas.

Sobre a legislação, os professores demonstram conhecê-la superficialmente, tiveram contato durante sua formação inicial ou para prestar provas e concursos. Conhecer as leis é de fundamental importância, porque a partir delas podemos entender as maiores conquistas em relação aos direitos dos estudantes com deficiência, Transtornos Globais do Desenvolvimento (TGD) e Altas Habilidades ou superdotação (AH/SD). A legislação vigente versa sobre os direitos, isto foi um avanço, porém, precisamos garantir a concretização das leis e normas nas escolas regulares, para que as pessoas que necessitam desse atendimento, possam ser inseridas e viver com equidade em sociedade. Em consonância com outros autores, Glat e Nogueira (2003, p.1) adverte que,

> [...] não basta que uma proposta se torne lei para que a mesma seja imediatamente aplicada. Inúmeras são as barreiras que impedem que a política de inclusão se torne realidade na prática cotidiana de nossas escolas.

Porém, as práticas diferem da legislação que preconizam os direitos do público da Educação Especial. Falta coerência entre a legislação e o que ocorre na escola, as leis trazem muitas garantias que na prática educativa ainda não acontecem por completo. As práticas, em sua maioria, estão esvaziadas de direitos e equivocadas. São poucos os resultados diante das demandas, mas existe um grande esforço por parte de professores, para dar certo. Muitas vezes, se percebem desinformados, sem apoio técnico, sem parcerias e sem recursos para implementar as práticas inclusivas. Acreditam na educação para todos, mas questionam a falta da "rede de proteção" para auxiliar e suprir as necessidades individuais de cada um, e assim, promover aos educandos o acesso ao currículo escolar e participação de forma efetiva na construção de sua aprendizagem.

Com relação ao sistema educacional, faz se necessário mudar o processo de avaliação, para identificar as barreiras e corrigi-las, para eliminar os impedimentos de acesso ao currículo e buscar mais coerência entre as leis e as práticas. Será preciso que as políticas públicas cheguem na escola.

O professor, neste contexto, precisa saber o que lhe cabe enquanto tarefa, quais apoios necessita para poder pedi-los, quais são os encaminhamentos que deve fazer quando necessário, quais as barreiras a serem eliminadas para o atendimento inclusivo, como modificar as estratégias de ensino e aprendizagem, como realizar adaptações de recursos didáticos, como utilizar e introduzir as tecnologias assistivas, etc., todas essas ações são atitudes inclusivas. Uma escola assistida consegue atender a todos com oferta de educação de qualidade.

A escola precisa estar comprometida e preparada para atender a inclusão, revisitar os conceitos e paradigmas defendidos até então, rever o projeto político pedagógico, pois, é nesse documento que se estabelece a ponte entre a política educacional e a comunidade/sociedade, definindo os princípios, os objetivos educacionais, a metodologia, o sistema de avaliação, as estratégias pedagógicas, as ações e práticas que serão adotadas para favorecer o processo de desenvolvimento e aprendizagem das crianças e adolescentes, e assim, defender uma pedagogia mais democrática e justa.

Todos os envolvidos na construção da escola inclusiva precisam ter garantida a capacitação que deve ser pautada na perspectiva inclusiva, de modo, a repensar a formação inicial, a formação continuada e a formação em serviço, tendo nas grades curriculares a temática da inclusão social, como forma de garantir as práticas pedagógicas inclusivas. "Não podemos pensar numa educação voltada a entender esta nova configuração de mundo sem pensarmos num processo formativo que acompanhe estas mudanças" (FREIRE, 1983, p.84 Apud TAVANO,2015, p.34)

Mesmo com todas as dificuldades no cotidiano escolar, não se ouve falar em desistir, mas sim, em enfrentar, em conquistar e, em mudar. Trata-se de pessoas com o desejo de mudança, de realizar a educação inclusiva com todas as suas facetas e apesar das contradições entre falas e atitudes, constata-se a busca pela educação inclusiva, com persistência e determinação por parte da comunidade escolar: diretores, coordenadores, professores, profissionais da escola, famílias e com alguns apoios de secretarias municipais, estaduais e do Ministério de Educação.

Uma escola inclusiva é aquela que está organizada para favorecer a cada aluno, independentemente de etnia, sexo, idade, deficiência, condição social ou qualquer outra situação. O direito à educação é para todos, sem exceção! Pessoas com ou sem deficiência, todos têm o direito de estudar juntos, com equidade, como cidadãos participativos e com qualidade de vida em sociedade.

4. Organização da escola na perspectiva da Educação Inclusiva

4.1. Ação docente frente a inclusão: Identificação e Intervenção

A ação pedagógica consciente por parte do professor é peça fundamental para a construção de uma escola inclusiva. Ferreira (2015, p. 438):

> Nas palavras de Freire (2000), aquele educador que carrega consigo no pensamento e na ação, a curiosidade epistemológica que instiga indagações criteriosas acerca do ato de planejar, ensinar, coordenar e avaliar processos formativos de toda ordem e natureza.

O professor enquanto profissional responsável pela construção do processo de aprendizagem do estudante, necessita realizar identificações e fazer intervenções para ter uma boa resposta sobre o trabalho realizado para o desenvolvimento e aquisição de conhecimento por parte do educando. Quando o profissional consegue identificar que necessita de ajuda de outros profissionais, e encaminhar o estudante para outros atendimentos que possam apoiar a Educação Inclusiva.

O diagnóstico pode ser realizado por uma equipe de multiprofissionais em condições de avaliar a pessoa em sua totalidade e solicitar os suportes necessários para o atendimento. Esse diagnóstico deve ser realizado em três etapas, segundo a AAIDD (2006):

> A primeira é referente ao funcionamento intelectual e aos padrões adaptativos avaliados a partir de instrumentos padronizados. A segunda verifica e identifica aspectos psicológicos e emocionais, bem como etiolo-

gia e déficits físicos associados e o ambiente individual e na terceira etapa, estabelecem-se os suportes necessários para que o indivíduo tenha sua incapacidade minorada e maximizado seu desempenho adaptativo.

Mesmo após identificarmos as questões que necessitam de outros especialistas, o trabalho na escola continua. Agora precisa-se pensar nas possibilidades de intervenções pedagógicas que podem serem realizadas, no sentido de maximizar as potencialidades do educando que colaboram para o seu desenvolvimento e isto, respeitando suas limitações, sua singularidade.

O prognóstico na educação especial na perspectiva inclusiva visa estimular o desenvolvimento do potencial apresentado pela pessoa, para sua inserção nos espaços sociais. Para tanto, devemos providenciar a eliminação das barreiras e as adaptações curriculares com base nas expectativas do ano e ciclo do qual o aluno pertence. Deve-se eleger uma metodologia e criar estratégias capazes de atender as necessidades individuais que deverão atuar como caminhos para o desenvolvimento intelectual, sócio e cultural.

Para este trabalho, acreditamos nos modelos teóricos: A abordagem socioconstrutivista de Lev Vygotsky e a teoria do vínculo de Enrique Pichon Revière, sendo capazes de colaborar na instrumentalização dessa prática. Segundo Coll (2004, p. 93):

> Na interação social, a criança aprende a regular os seus processos de interiorização mediante o qual, o que se pode fazer ou conhecer a princípio com a ajuda de um deles (regulamentação Inter psicológica), transforma-se progressivamente em algo que pode fazer ou conhecer por si mesmo (regulamentação intrapsicológica). A origem social da cognição, o estreito vínculo existente

entre a interação social por um lado, aprendizagem e desenvolvimento por outro, fica totalmente manifesta no que Vygotsky considera a lei mais importante do desenvolvimento do psiquismo humano: Todas as funções psicointelectuais superiores aparecem duas vezes no curso do desenvolvimento da criança: a primeira vez nas atividades coletivas, nas atividades sociais, ou seja, como funções interpsíquicas; a segunda, nas atividades individuais, como propriedades internas do pensamento da criança, ou seja, como funções intrapsíquicas.

O papel do professor está em ajudar e apoiar o estudante nas suas dificuldades, planejando sua ação educativa de forma que construa um novo conhecimento a partir do conhecimento que já possui, melhorando o desenvolvimento pessoal e social. Ferreira (2015, p. 439) diz:

> Trata-se de características que impõem ao docente e em particular ao pedagogo (em qualquer atividade que desempenhe) jamais prescindir da intencionalidade crítica e a favor da emancipação humana das camadas populares da nossa sociedade e, por conseguinte, da transformação social.

Sendo assim, mais que a interação, isto é, a atividade do aluno com o objeto do conhecimento, é necessária considerar também a interação afetiva e comunicativa entre o educando e o professor. "Vygotsky afirma que o bom ensino é aquele que se adianta ao desenvolvimento, ou seja, que se dirige às funções psicológicas que estão em vias de se completarem". (Rego, 2001).

Para Baleotti e Del Masso, (2008, p. 37):

> "Ao apontar a questão da incapacidade e do defeito, ressaltando a importância do meio social, Vygotsky

(1994) permite que a questão da normalidade-anormalidade possa ser aprofundada, estabelecendo relações entre herança biológica e social".

E, segundo Anache (2007, p. 43):

> É nas condições concretas de vida e nos diferentes espaços de relações que o sujeito se constitui. Nesse processo, estão inclusas as apropriações dos conhecimentos historicamente acumulados pela sociedade, que permitem a todos, aquisição de habilidades, atitudes, valores, etc., ou seja, referimo-nos aqui aos valores culturais. Assim cada cultura gera diferentes aprendizagens.

Visando a relação professor e aluno, consideramos de extrema importância para o trabalho junto às crianças e os adolescentes, a Teoria do Vínculo de Pichon Rivière (1998), que vem contribuir de forma notável para a educação, quando permite analisar a relação professor e aluno em três dimensões: mente, corpo e mundo exterior, que se integram dialeticamente estudando o *Ser Humano* em sua totalidade.

Dessa forma, passamos a entender as questões dos vínculos nas inter-relações, durante o trabalho pedagógico na escola. Quando o professor não sabe lidar com as situações em sala de aula, pode contribuir, sem desejar, para a construção de vínculos negativos incitando as dificuldades no processo de aprendizagem dos seus alunos. Oliveira (2015, p. 31):

> Deve-se considerar ainda que a escola, por ser a instituição responsável pelos processos de desenvolvimento educativo e afetivo da criança e do adolescente, é uma autoridade em continuidade à família.

O professor, em sua proposta pedagógica, precisa entender melhor o aluno para ter avanços na sua empreitada.

4.2. Ações da gestão escolar para viabilizar o Atendimento Educacional Especializado no município de São Paulo

Para que o aluno tenha garantido seu direito ao atendimento, segue passo a passo as etapas de registro da educação especial. Algumas são de responsabilidade da equipe gestora, outras do corpo docente, porém, todas estão estritamente vinculadas e serão articuladas em ações coletivas, onde cada segmento fará sua parte para que a ação se concretize.

Para todas as solicitações são preenchidas planilhas, instrumentais padronizados, ora virtuais, ora impressos que devem ser protocolados na Diretoria Regional de Ensino ou, cadastros no sistema EOL – Sistema On Line. Conforme segue:

1. Cadastro no EOL;
2. Inserir o nome do aluno na lista para CEFAI;
3. Manter uma cópia da lista na secretaria para divulgar na U.E;
4. Criar um prontuário com vida escolar;
5. Encaminhar para avaliação do professor da SMR's;
6. Elaborar o plano de atendimento, contendo critérios de agrupamento, agrupamento e horário de atendimento das turmas, que não deve ser o mesmo da classe comum (no contraturno);
7. Elaborar o plano de adequação para o atendimento na sala comum contendo as expectativas de aprendizagem de leitura, escrita, linguagem oral, escuta, conteúdos atitudinais, matemática, natureza e sociedade;
8. Inserir o aluno no quadro de horário com a turma em que será atendido;

9. Inserir o nome do aluno no cadastro da turma no EOL;
10. Providenciar transporte Escolar – TEG (quando necessário);
11. Realizar registros dos avanços durante o processo de avaliação.

Outra ação de extrema importância é a formação continuada do corpo docente, tendo um espaço reservado para apresentação e discussão de todos os casos matriculados na U.E., bem como, conteúdos sobre a educação inclusiva e Educação Especial na perspectiva inclusiva, dando uma melhor condição à organização da escola para o acolhimento e atendimento inclusivo.

O serviço de apoio, configurado por SME, DRE, CEFAI e PAEE, previu a formação desde o ano de 2012, para todo professor que possui em sua turma aluno com deficiência.

4.3. Adequações a serem realizadas para o Atendimento Educacional Especializado

Com base em Oliveira (2008, p. 129 a 154), a transformação da escola em espaços sociais inclusivos exige mudanças no contexto escolar, tanto em sua infraestrutura, quanto em suas práticas pedagógicas. Para Costa (2015, p. 57) "[...] Precisamos de espaços projetados para facilitar os processos de aprendizagem". Ainda em Costa (2015, p. 59) "Não podemos admitir que os nossos educandos convivam em espaços que ofereçam riscos à sua segurança física. [...]"

Neste sentido, são necessárias as adequações de grande porte, ou sejam decisões coletivas à criação de condições físicas, ambientais e materiais para melhorar a circulação e o trabalho com os estudantes. Nestas estão incluídas as adaptações no ambiente, criação de ateliers, aulas-passeio, formação dos profissionais e ações de parcerias. Oliveira (2015, p. 61) destaca que:

> Os educandos precisam não só frequentar a escola na sala de aula, mas tê-la como referência a partir da sua participação nos ambientes de aprendizagens e utilização dos serviços disponíveis, tanto no setor público como no privado ou nas instituições sem fins lucrativos.

Também são necessárias as adequações no projeto pedagógico da escola. As adequações dos elementos curriculares: objetivos, conteúdos, metodologia e organização didática, sistema de avaliação e da temporalidade. Oliveira (2015, p. 62):

> "Estas oportunidades organizadas e repensadas enquanto currículo interdisciplinar formam a grande teia da educação integral, capaz de assistir a todos com qualidade".

Na escola quando falamos que, "O estudante é da escola e não do professor", nos referindo ao público da educação especial, muitas vezes, não passa de um discurso vazio, porém, precisamos colocar tal ideia em prática.

Ainda conforme Oliveira (2008, p. 129 a 154), existem também as adequações de pequeno porte, estas são de responsabilidade do professor, que a partir das decisões coletivas definidas no Projeto Pedagógico, ele poderá tomar decisões específicas no âmbito da sala de aula. São elas, as adequações de acesso ao currículo: Criação do ambiente, condições físicas e materiais para a participação do aluno na sala de aula; Adoção de um sistema alternativo de comunicação para melhorar o nível de comunicação e de interação do estudante com seus pares durante as atividades internas e externas na escola. Adequação dos elementos curriculares: Objetivos, o que o professor pode fazer para adequá-los as características e condições do aluno com maior variedade de estratégias; Conteúdos, analisar e priorizar ou reformular sequenciação de áreas ou unidades de conteúdo ou ainda eliminar conteúdos secundários; Metodologia e Organização Didática, adequar o método às necessidades do aluno em seu processo de aprendizagem; garantir a permanência e participação nas atividades com seus pares através de estratégias colaborativas e interativas de aprendizagem. Exemplo: Organização da sala de aula e das propostas de ensino; Estabelecimento e utilização de quadro de rotina de aula; Técnicas de ensino diferenciadas; Apresentação do conteúdo com uso de material concreto e ilustrativo; Dinâmica interativa e colaborativa de aula; Atividades alternativas e diversificadas em pequenos grupos; Dosagem do nível de complexidade das atividades; Sequência de tarefas determinadas minunciosamente para a necessidade em questão; Utilização de material pedagógico diverso e material concreto; Ensino colaborativo e Uso de Ateliers e oficinas. Adequação no sistema de avaliação: buscar alternativas para o procedimento avaliativo; observar os avanços na área do conhecimento e frente aos objetivos educacionais; criar e utilizar instrumentos apropriados. Adequação da temporalidade: Adequar o tempo de aprendizagem, aumentando ou diminuindo dependendo do conteúdo e objetivos preestabelecidos.

O estudante com deficiência, Transtornos Globais do Desenvolvimento, altas habilidades e superdotação deve ter a garantia do seu direito de aprendizagem no contexto regular de ensino e, em interação com seus pares, considerando ano, ciclo e idade cronológica.

5. CONSIDERAÇÕES FINAIS

A Deficiência se delineou historicamente do século XVI ao XX, pelos movimentos mundiais a favor da pessoa com deficiência, enquanto fenômeno especialmente nas áreas médica e educacional. Gerou uma diversidade de atitudes, desde asilos e manicômios até a educação especial dentro da escola regular de ensino.

Ideologicamente, sofreu mudanças de paradigmas, passou pela exclusão total, pela segregação, pela institucionalização, pela integração, mais conhecido pelo termo, "de serviços", e pela inclusão. Num contexto mundial surgiram outros dois paradigmas, o de suporte (muito parecido com o da integração) e o Empowerment.

O Brasil ainda vive o paradigma da inclusão e tem construído de maneira significativa dispositivos legais (leis, decretos, portarias, etc.), para garantir a inclusão social e cumprir os acordos mundiais que defendem a escola inclusiva e a Educação Especial na perspectiva inclusiva. Estes documentos demonstraram grande preocupação com os direitos de todo ser humano, e definem as responsabilidades de cada instância de poder para fazer cumprir a legislação, bem como, as tarefas do setor público na implantação e implementação da Educação Inclusiva nas escolas brasileiras. Mesmo após muitas lutas pelos direitos da pessoa com deficiência, o atendimento educacional inclusivo ainda não ocorre como foi previsto no Plano Nacional de Educação brasileiro, devido a entendimentos contraditórios sobre a inclusão social. Alguns especialistas interpretam "incluir" com uma conotação contrária, utilizando as palavras integração e inclusão, no paradigma da inclusão social.

Analisemos, os sentidos são distintos, no paradigma da integração o educando com deficiência é inserido do sistema educacional regular, apenas quando estiver preparado para conviver com os demais estudantes, ou seja, fica segregado em instituições especiais até estar apto a ser integrado a classe comum, segundo o olhar dos especialistas. Já por sua vez, a inclusão denota a modificação da escola para que a escolarização da pessoa ocorra, neste paradigma as barreiras identificadas como impedimento à aprendizagem da pessoa com deficiência, precisam ser eliminadas. Uma escola inclusiva inclui a todos, sem discriminação, cada um, com suas diferenças.

Entender o momento histórico da inclusão escolar, ajudará a entender melhor o sentido do que a legislação sugere que aconteça. O movimento pela inclusão começou a chamar a atenção por volta de 1985 nos países mais desenvolvidos, inspirados na Declaração dos Direitos humanos de 1948. Respingou pelo mundo e se fortaleceu pelo impulso da década de 90, pela crescente busca por Educação para Todos. A ideia é ter uma escola que atenda a todos, inspirada nos princípios que celebram as diferenças individuais, o direito de pertencimento, a valorização da diversidade humana, o sentimento de solidariedade e a equidade.

Atualmente o acesso para o público da educação especial vem ocorrendo, como podemos verificar nas pesquisas do Instituto Nacional de Estudo e Pesquisa/INEP (2020). Há um aumento das matrículas, gradativamente, ano após ano, mas a permanência tem sido comprometida pelo despreparo das escolas. Segundo as Diretrizes Nacionais para Educação Especial na Perspectiva Inclusiva (2008), a escola regular necessita ter uma nova postura em suas ações para viabilizar a inclusão escolar.

Incluir não significa apenas matricular, mas dar condições e suporte para o professor, e para a escola aprimorar sua ação pedagógica e garantir a permanência. Na rede municipal, o Programa Inclui previsto pela legislação, dá suporte para a organização da escola, para que assim, cumpra o seu papel, no que diz respeito ao Atendimento Educacional Especializado e, em contrapartida, aproxima o funcionalismo público da concepção da inclusão pelo incentivo e a convivência com os estudantes com deficiência.

Tanto a legislação quanto os documentos oficiais criados em cada esfera governamental, que orientam a implementação da escola inclusiva, precisam estar presentes na formação continuada para aprimorar a prática pedagógica escolar, vale a pena ressaltar que, se uma coisa não acontece, logo, outra também não, isso é um fato.

As políticas de inclusão também necessitam estar presentes na escola, para o atendimento da demanda, elas visam atender as diferenças entre as necessidades individuais e grupais. Mas muitas vezes as contradições estruturais que aparecem entre a política de inclusão escolar e a política partidária, inviabilizam o processo. A legislação prevê os direitos e, em suas orientações, transfere a responsabilidade da implementação para a escola, que fica encarregada de desempenhar suas funções sociais e as práticas pedagógicas, porém, a ausência de recursos e apoio são dificultadores para execução das tarefas.

Para o acolhimento e atendimento da criança/adolescente com deficiência, Transtorno Global do Desenvolvimento, Altas Habilidades e Superdotação, o diagnóstico e o prognóstico são fundamentais para entender quais as barreiras devem ser eliminadas; os apoios necessários; quais são os recursos necessários; quais as intervenções a serem realizadas e como fazer uso de novas estratégias, de forma que atenda todas as necessidades individuais, com vista à inserção do estudante nos espaços sociais, fortalecendo a identidade coletiva daquele grupo social.

A sociedade atual precisa de pessoas funcionais, com pensamento crítico, criativa, participativa e com iniciativa, e a escola que permanece estática não atende esta expectativa. Nem a estrutura física da escola, tão pouco a oferta educacional com suas práticas pedagógicas retrógadas, permitem formar o tipo de pessoa capaz de atender as demandas sociais da atualidade, ela fica a parte, não participa ativamente das tomadas de decisões. Segundo Oliveira, apud Pistrak (2000), "É preciso mudar o jeito da escola, suas práticas e sua estrutura de organização e funcionamento, tornando-a coerente com os novos objetivos de formação".

A escola é um dos principais espaços de convivência social do ser humano durante seu desenvolvimento. Ela é primordial para a formação da consciência cidadã sobre seus direitos, uma vez, que oferece uma convivência coletiva fora da família e que visa à construção do conceito de cidadania englobando os direitos políticos, civis, econômicos, culturais e sociais. Assim, a exclusão ou limitação em qualquer uma dessas esferas não promove a justiça social, ao contrário, criam situações de opressão e violência. A escola deve garantir o espaço da convivência saudável com equidade, onde cada um desenvolve sua autonomia e fortalece-se com o outro.

Precisamos desenvolver no contexto escolar a filosofia da escuta, criar uma lógica pedagógica, com novas concepções do processo de aprendizagem, uma nova compreensão às práticas inclusivas que envolva a escola, a família e o seu entorno, criando uma comunidade educativa local com acesso aos conhecimentos globais.

Precisamos também, investir no sentido de minimizar as tensões que aparecem no interior da escola e que influenciam diretamente na qualidade da educação oferecida. Na situação conflitante, existem dois elementos que necessitam de especial atenção, o primeiro, a inclusão escolar, maneira pela qual devemos desenvolver nosso projeto pedagógico para formar dentro de uma concepção humanizadora, que respeite a diversidade e as diferenças. O segundo, o desempenho escolar individualizado, considerando que precisamos investir na construção do coletivo, mas sem homogeneizar ou padronizar a comunidade escolar.

Uma escola assim, exige novos aportes teóricos com muitos debates e reflexões para o planejamento das práticas pedagógicas. Exige análise das questões determinantes para à Educação Inclusiva, dentre elas a reelaboração do Projeto Político Pedagógico da escola tendo o compromisso da construção coletiva, e como ponto de partida a identidade pessoal de cada estudante e suas reais necessidades educacionais.

Pensando dessa forma e embasado na legislação vigente, podemos criar as condições necessárias à transformação do espaço escolar para atender, especificamente, o público da Educação Especial e, consequentemente, ajudará no processo de aprendizagem de todos, independentemente de ter ou não uma limitação, promovendo assim a escola inclusiva.

Cabe lembrar que este é um compromisso de TODOS, sem exceção.

Finalizando...

...gostaria de deixar aqui o registro de uma poesia de Rubem Alves (1987) retirada do Referencial sobre Avaliação da Aprendizagem na área da Deficiência Intelectual, SME/DOT (2008), sobre a DIFERENÇA HUMANA:

> ***Exis**te uma estória que foi construída em torno da dor da diferença: a criança que se sente não bem igual às outras, por alguma marca no seu corpo, na maneira de ser...*
>
> ***Es**ta, eu bem sei, é estória para ser contada também para os pais. Eles também sentem a dor dentro dos*

olhos. Alguns dos diálogos foram tirados da vida real.

Ela lida com algo que dói muito: não é a diferença, em si mesma, mas o ar de espanto que a criança percebe nos olhos dos outros [...]

***O medo* dos olhos dos outros é sentimento universal.**

Todos gostaríamos de olhos mansos...

***A** dif*erença não é resolvida de forma triunfante, como na estória do Patinho Feio.

***O** qu*e muda não é a diferença.

***São* os olhos...**

REFERÊNCIAS

ABENHAIM, Evanir. Psicologia e Direitos Humanos – Educação Inclusiva – Direitos Humanos na Escola. Casa do Psicólogo. 2005.

ANACHE, A. A.; MITJÁNS MARTINEZ, A. O sujeito com deficiência mental: processos de aprendizagem na perspectiva histórico-cultural. In: JESUS, D. M. et al. (Org.). Inclusão, práticas pedagógicas e trajetórias de pesquisa. Porto Alegre: Mediação, 2007. p. 43-53.

BARBOSA, T.M. A inclusão sob a perspectiva da democratização do ensino. In: OLIVEIRA, V.L. e TENDEIRO, G.R. Mosaico Educacional: Reinventando a Escola Numa Perspectiva da Educação Inclusiva - Sobre a Jornada Especial Integral de Formação. São Paulo: Print Express, 2013. Cap. III.

BALEOTTI, Luciana Ramos; DEL-MASSO, Maria Cândida Soares. Diversidade, diferença e deficiência no contexto educacional. In: OLIVEIRA, Anna Augusto Sampaio de; OMOTE, Sadao; GIROTO, Claudia Regina Mosca (Orgs.). Inclusão escolar: as contribuições da Educação Especial. São Paulo: Cultura Acadêmica Editora; Marília: Fundepe Editora, 2008. p. 33-44.

BATISTA, C.A.M. (org). TOMASINI, M.E. (ORG); ARCHER, M.R. (ORG); SASSAKI, R (ORG)

BRANDÃO, T. (ORG). Inclusão dá trabalho. 1ª Ed. Belo Horizonte: Armazém da Ideia, v.1, 2000.

BRASIL: MINISTÉRIO DA EDUCAÇÃO. Saberes e práticas da inclusão: dificuldades de comunicação e sinalização: deficiência física. Brasília: MEC, 2004. http://portal .mec.gov.br Acesso em 22 nov. 2022.

BRASIL. [Constituição (1988)]. Constituição da República Federativa do Brasil de 1988. Brasília, DF: Presidente da República, [2016]. Disponível em: http://www.planalto.gov.br Acesso em 02 nov. 2022.

BRASIL. Decreto Legislativo nº 186, de 9 de julho de 2008. Disponível em: http://www2.senado.leg.br Acesso em 6/dez/2022.

BRASIL. Decreto nº 6.215, de 26 de setembro de 2007. Disponível em: http://portalsme.prefeitura.sp.gov.br Acesso em: 6/dez/2022.

BRASIL. Decreto Legislativo nº 6.571, de 17 de setembro de 2008. (Revogado). Disponível em: https://www.planalto.gov.br Acesso em: 6/dez/2022.

BRASIL. Decreto Legislativo nº 7.611, de 08 de dezembro de 2011. https://www.planalto.gov.br Acesso em: 6/dez/2022.

BRASIL. Lei nº 9394, de 20 de dezembro de 1996. Diretrizes e Bases da Educação Nacional. Disponível em: https://www.planalto.gov.br Acesso em: 17 jul. 2022.

BRASIL. Ministério da Educação. Marcos Político-Legais da Educação Especial na Perspectiva da Educação Inclusiva. Brasília: Secretaria de Educação Especial, 2010.

BRASIL. Parecer nº CEB 04, de 29 de janeiro de 1998. SECADI/MEC/CNE/CEB. Secretaria de Educação Continuada, Alfabetização, Diversidade e Inclusão. Diretrizes Curriculares Nacionais para o Ensino Fundamental. Disponível em: http://portal.mec.gov.br Acesso em: 6/dez/2022.

BRASIL. Portaria nº 2.344, de 03 de novembro de 2010. SEDH. Diário Oficial da União. Disponível em: https://www.udop.com.br Acesso em: 03 fev. 2023.

BRASIL. Resolução nº 2, de 11 de fevereiro de 2001. Ministério da Educação. CNE/CEB: Institui as Diretrizes Curriculares Nacionais para o Ensino Fundamental. Disponível em: http://portal.mec.gov.br Acesso em: 03 fev. 2023.

BRASIL. Resolução nº 4, de 2 de outubro de 2009. Ministério da Educação. CNE/CBE: Institui Diretrizes Operacionais para o Atendimento Educacional Especializado na Educação Básica, modalidade Educação Especial. Disponível em: http://portal.mec.gov.br Acesso em 03/03/2023.

BRASIL, Ministério do Desenvolvimento Social e Combate à Fome. Política Nacional de Assistência Social/2004. Brasília: 2005. https://www.mds.gov.br Acesso em: 06/12/22.

BRASIL. Lei no 13146/15, de 06 de julho de 2015. Institui a Lei Brasileira de Inclusão da Pessoa com Deficiência (Estatuto da Pessoa com Deficiência). Disponível em: http://www.planalto.gov.br Acesso em: 06.DEZ.2022.

BRASIL. Lei no 6949/09, de 25 de agosto de 2009. Promulga a Convenção Internacional sobre os Direitos das Pessoas com Deficiência e seu Protocolo Facultativo, assinados em Nova York, em 30 de março de 2007. Disponível em: https://www.planalto.gov.br Acesso em: 02 nov. 2022.

BRASIL. Decreto n° 10.088 de 5 de novembro 2019. Disponível em: https://www.planalto.gov.br Acesso em 06 dez.2022.

BRASIL. Política nacional de educação especial na perspectiva da educação inclusiva. Brasília, 2008. Disponível em: http://portal.mec.gov.br Acesso em: 2 NOV. 2022.

BRASIL. Convenção sobre os direitos das pessoas com deficiência. Protocolo Facultativo à Convenção sobre os Direitos das Pessoas com Deficiência

(ONU). Brasília: 2007 Disponível em: http://portal .mec.gov.br Acesso em: 06 dez.2022.

BRASIL. Declaração Mundial sobre Educação para Todos: plano de ação para satisfazer as necessidades básicas de aprendizagem. UNESCO, Jomtien/Tailândia, 1990.

BRASIL. Ministério da Educação. Lei de Diretrizes e Bases da Educação Nacional. LDB 9.394, de 20 de dezembro de 1996.

BRASIL. Comitê Nacional de Educação em Direitos Humanos. Plano Nacional de Educação em Direitos Humanos. Brasília: Secretaria Especial dos Direitos Humanos, Ministério da Educação, Ministério da Justiça, UNESCO, 2006.

BRASIL. Ministério da Educação. Secretaria de Educação Especial. Direito à educação: subsídios para a gestão dos sistemas educacionais – orientações gerais e marcos legais. Brasília: MEC/SEESP, 2006.

BRASIL. Instituto Nacional de Estudos e Pesquisas Educacionais Anísio Teixeira. Censo da educação básica 2020: resumo técnico [recurso eletrônico] – Brasília: Inep, 2021. 70 p.: il. https://download.inep. gov.br Acesso em: 06 dez.2022.

COLL, C., PALACIOS, J., MARCHESI, A. (org.). Desenvolvimento Psicológico e Educação: Necessidades Educativas Especiais e Aprendizagem Escolar. Porto Alegre: Artes Médicas, 1995. Vol. 3.

COLL, César; MARCHESI, Álvaro; PALACIOS, Jesús. Desenvolvimento psicológico e educação: psicologia da educação escolar. 2. ed. Porto Alegre: Artmed, 2004.

CORRÊA, A.M. Marcos históricos internacionais da Educação Especial até o século XX, RIO DE JANEIRO: CEDERJ – Módulo 2, aula 5. 2012.

COSTA, G. Gestão financeira: tornando um sonho realidade. In: OLIVEIRA, V.L. e TENDEIRO, G.R. Mosaico educacional 2 - mais educação: sobre o programa mais educação da EMEF do CEU Três Pontes. 1 ed. São Paulo: EDICON, 2015. Cap. II.

ESPANHA. Declaração de Salamanca, entre 7 e 10 de junho de 1994. Sobre Princípios, Políticas e Práticas na Área das Necessidades Educativas Especiais. Disponível em: http://portal.mec.gov.br Acesso em: 06/12/22.

FERREIRA, M. J. L. Necessidades e desafios no desenvolvimento profissional docente: O lugar do pedagogo na educação. In: SIQUARA, A.S., BOGO, M.N.R.A, CARVALHO, L.F.O e CEARON, N.M.C. Educação, memória e formações. 1 ed. São Paulo: Edicon, 2015. p.431-452.

FREIRE, P. A Educação como prática da liberdade. São Paulo: Paz e Terra, 1967.

________. Pedagogia do Oprimido. Rio de Janeiro: Paz e Terra, 1987.

________. Pedagogia da autonomia – saberes necessários a prática educativa. São Paulo: Paz e Terra, 1996.

________. Pedagogia da indignação: cartas pedagógicas e outros escritos. São Paulo: Editora UNESP, 2000. 2ª reimpressão.

FREIRE, A.M.A. (org). A pedagogia da libertação em Paulo Freire. São Paulo: UNESP,2001.

GLAT, R.; NOGUEIRA, M. L. L. Políticas educacionais e a formação de professores para a educação inclusiva no Brasil. Revista Integração, Brasília, v. 14, n. 24, jun. 2003. p. 134-141.

GLAT, R. Desconstruindo representações sociais: Por uma cultura de colaboração para inclusão escolar. Rev. Bras. Ed. Esp., Marília, v.24, Edição Especial, p.9-20, 2018

GRÃ-BRETANHA. Carta para o Terceiro Milênio, de 9 de setembro de 1999. Traduzida por Romeu Kazumi Sassaki. Londres. Disponível em: http://portal.mec.gov.br Acesso em: 03 mar. 2023.

MANDELA, N. Iluminando seu caminho para um futuro melhor. Discurso no lançamento da Mindset network, 2003. Disponível: https://britto.com.br/a-educacao-e-a-arma-maispoderosa-que-voce-pode-usar-para-mudar-o-mundo. Acesso em 16 abr. 2022.

MANTOAN, M. T. E. Igualdade e diferenças na escola: como andar no fio da navalha. In: MANTOAN, Maria Teresa Eglér; PRIETO, Rosângela Gavioli. Inclusão escolar: pontos e contrapontos. São Paulo: Summus, 2006.

MANTOAN, M. T. E. O direito de ser, sendo diferente, na escola. Revista CEJ, Brasília, v. 8, n. 26, jul./set. 2004. p. 36-44. Disponível em: http://www.cjf.jus.br/ojs2/index.php /revcej/article/view/622. Acesso em: 13 abr. 2022.

MENDES, Eunicéia Gonçalves. Revista brasileira da educação. A Radicalização do Debate sobre Inclusão Escolar no Brasil. Rio de Janeiro, v. 11, n. 33, Sept/Dec, 2006.

MINAYO, Maria Cecília de Souza (org.). Pesquisa Social. Teoria, método e criatividade. 18 ed. Petrópolis: Vozes, 2001.

OLIVEIRA, A. A. S. Um diálogo esquecido: A vez e a voz de adolescentes com deficiência. Londrina: Baru Canal 6, 2007.

OLIVEIRA, A. A. S.; OMOTE, S.; GIROTO, C. R. M. (org.). Inclusão escolar: as contribuições da Educação Especial. Marília: Fundepe Editora, 2008.

OLIVEIRA, V. L. Um manifesto por uma educação de qualidade. In: OLIVEIRA, V. L. e TENDEIRO, G.R. Mosaico educacional 2 - mais educação: sobre o programa mais educação da EMEF do CEU Três Pontes. 1 ed. São Paulo: EDICON, 2015. Cap. I.

__________. Reinventando a escola numa perspectiva da educação inclusiva. In: OLIVEIRA, V.L. e TENDEIRO, G.R. Mosaico Educacional: Reinventando a Escola Numa Perspectiva da Educação Inclusiva - Sobre a Jornada Especial Integral de Formação. São Paulo: Print Express, 2013. Cap. I.

__________. Inclusão: Identificação, intervenção e estratégias de atuação na escola. São Paulo: EDICON, 2018, 3ª edição.

OMOTE, S. Estigma no tempo da inclusão. Revista Brasileira de Educação Especial, Marília, v. 10, n. 3, p. 287-308, 2004.

__________. A construção de uma escala de atitudes sociais em relação à inclusão: notas preliminares. Revista Brasileira de Educação Especial, Marília, v. 11, n. 1, p. 33-47, 2005.

__________. Inclusão e a questão das diferenças na educação. Perspectiva (Florianópolis), v. 24, p. 251-272, 2006.

OMOTE, S.; GIROTO, C. R. M. (Org.). Inclusão escolar: as contribuições da educação especial. São Paulo: Cultura Acadêmica, 2008, p.24.

ONU. Convenção sobre os Direitos das Pessoas com Deficiência. Brasília, 2007.

ONU. Decreto nº 3956, de 8 de outubro de 2001. Convenção da Organização dos Estados Americanos. Convenção Interamericana para a Eliminação de Todas as Formas de Discriminação contra as Pessoas Portadoras de Deficiência. Disponível em: http://cape.edunet.sp.gov.br Acesso em: 02 nov. 2022.

PEREIRA, P. A. P. "Reordenamento institucional e descentralização político administrativa na Constituição Federal de 1988: oportunidades e riscos". In A assistência social na perspectiva dos direitos: crítica aos padrões dominantes de proteção aos pobres no Brasil. Brasília/DF: Thesaurus, 1996.

PICCOLO, G.M. e outros. A historiografia das produções em periódicos de Sadao Omote. Relato de pesquisa. Revista brasileira Educação Especial. Vol.16.nº1. Marilia Jan/Apr.2010.

PICHON-RIVIERE, E. A teoria do Vínculo. São Paulo: Martins Fontes, 1998.

REGO, T. C. Vygotsky: uma perspectiva histórico-cultural da educação. 12ª ed. Petrópolis: Vozes, 2001.

ROPOLI, E. A.;MANTOAN,T.E.; SANTOS, M.T.C.T. e MACHADO, R. A educação especial na perspectiva da inclusão escolar: a escola comum inclusiva, Brasília: MEC, 2010. (http://www.repositorio.ufc.br/handle/riufc/43213) Acesso em 21 dez. 2022.

SCHLÜZEN, E.; RINALDI, R.; SANTOS, D. Inclusão escolar: marcos legais, atendimento educacional especializado e possibilidade de sucesso escolar para pessoas com deficiência. In: UNIVERSIDADE ESTADUAL PAULISTA. Prograd. Caderno de Formação: formação de professores didática geral. São Paulo: Cultura Acadêmica, 2011, v. 9, p. 148-160.

SÃO PAULO (município). Decreto nº 45.415, de 18 de outubro de 2004. SME. Disponível em: https://leismunicipais.com.br Acesso em: 02 nov. 2022.

SÃO PAULO (município). Secretaria Municipal de Educação. Diretoria de Orientação Técnica. Referencial sobre Avaliação da Aprendizagem na área da Deficiência Intelectual / Secretaria Municipal de Educação. São Paulo: SME / DOT, 2008. Disponível em: https://educacao.sme.prefeitura.sp.gov.br Acesso em: 06 dez. 2022.

SÃO PAULO (SP). Parques sonoros da educação infantil paulistana. – São Paulo: Secretaria Municipal de Educação. Coordenadoria Pedagógica. Divisão de Educação Infantil, 2016.

SÃO PAULO (SP). Almanaque 75 anos da Educação Infantil: conviver e aprender na cidade de São Paulo. São Paulo: SME/DOT, 2010.

SÃO PAULO (SP). Magistério - Secretaria Municipal de Educação - n. 5 (2018). – São Paulo: SME / COPED, 2018.

SÃO PAULO (SP). Magistério - Secretaria Municipal de Educação - n. 13 (2021). – São Paulo: SME / COPED, 2021.

SÃO PAULO (SP). Orientações didáticas do currículo da cidade: Secretaria Municipal de Educação. Coordenadoria Pedagógica. São Paulo: SME/COPED, 2.ed., 2019.

São Paulo (SP). Padrões básicos de qualidade da Educação Infantil Paulistana: orientação normativa nº 01/2015. São Paulo: SME/DOT, 2015.

São Paulo (SP). O uso da tecnologia e da linguagem midiática na educação infantil. São Paulo: SME/DOT, 2015.

São Paulo (SP). Currículo integrador da infância paulistana. São Paulo: SME/DOT, 2015.

São Paulo (SP). Orientação Normativa nº 01: avaliação na educação infantil: aprimorando os olhares – Secretaria Municipal de Educação. São Paulo: SME/DOT, 2014.

SÃO PAULO (SP). Indicadores de Qualidade da Educação Infantil Paulistana. São Paulo: SME / DOT, 2016.

SÃO PAULO (SP). Avaliação diagnóstica dos impactos das ações educativas dos CEII/CECI: relatório final. Secretaria Municipal de Educação de São Paulo: Coordenadoria Pedagógica. https:// www.planalto.gov.br Acesso em: 21/12/2022 Disponível também em: https://educacao.sme.prefeitura.sp.gov.br/Acesso em: 21 dez. 2022.

SASSAKI, Romeu Kazumi. Educação inclusiva: conceitos e procedimentos. In: REVISTA NACIONAL DE REABILITAÇÃO: VII SEMINÁRIO DE TECNOLOGIAS DE REABILITAÇÃO E INCLUSÃO, São Paulo, 26 de abril 2008. Disponível em: <www.deficiente.com.br/documentos/.../37-educacao-inclusiva-no-brasil>. Acesso em: 21.dez.2022.

SASSAKI, R. Entrevista especial à Revista Integração. Revista Integração. MEC: Brasília, v.8, n. 20, p.09-17, 1998.

Sassaki. R. Inclusão: construindo uma sociedade para todos. Rio de Janeiro, WVA, 1997.

SASSAKI, R. K. Como chamar as pessoas que têm deficiência. In.: ______. Vida independente; História, movimento, liderança, conceito, filosofia e fundamentos. São Paulo: RNR, p. 12-16, 2003.

SAWAIA, B. (org.) As Artimanhas da Exclusão: Análise psicossocial e ética da desigualdade social. 3º Ed. Petrópolis: editora Vozes, 2001.

TAVANO, V. A aprendizagem docente – reflexões sobre a formação de professores. Joinville: Clube de Autores, 2015, 1ª edição.

TENDEIRO, G.R. Adaptar (ou não) o currículo: fundamentações teóricas e aspectos legais sobre a adequação curricular. In: OLIVEIRA, V.L. e TENDEIRO, G.R. Mosaico Educacional: Reinventando a Escola Numa Perspectiva da Educação Inclusiva - Sobre a Jornada Especial Integral de Formação. São Paulo: Print Express, 2013. Cap. II.

UNESCO. Declaração de Princípios sobre Tolerância – Aprovada pela Conferência Geral da UNESCO, na sua 28ª reunião em Paris, 1995. Traduzida para o Português pela Universidade de São Paulo. São Paulo: USP / Reitoria / Pós-graduação, 1997.

VIEIRA, C. M. e OMOTE, S. Aspectos metodológicos e éticos de uma pesquisa sobre mudança de atitudes sociais de professores e estudantes em relação à inclusão. Rev. Reflex [online]. 2017, vol.25, n.3, pp.299-. ISSN 1982-9949. https://doi.org/10.17058/rea.v25i3.9727. Acesso em

VYGOTSKY, L.S. A formação social da mente. São Paulo: Martins Fontes, 2003.

_________. Pensamento e linguagem. São Paulo: Martins fontes, 2004.

SITE

https://institutorodrigomendes.org.br/wp-content/uploads /2022/08/Educacao-Inclusiva _Ed.Ja2022.pdf. Acesso em 22 nov. 2022.

https://institutorodrigomendes.org.br/politicas-educacao-inclusiva/?gclid= Cj0KCQiAo-yfBhD_ARIs. Acesso em 22 nov.2022.

https://www.prefeitura.sp.gov.br/cidade/secretarias/assistencia_social/assistencia__social/supervisoes_de_assistencia_social/index.php/Acesso em 08/11/22

ANEXOS

RESPOSTAS DO QUESTIONÁRIO DA PESQUISA COM OS PROFESSORES, EM FORMA DE RELATO

PROFESSOR - 1

M.A.S. Professora de Língua Portuguesa da Prefeitura de São Paulo; licenciada em Letras e mestrado em educação.

A Educação Inclusiva é uma educação que acolhe todos os alunos nas suas diferenças e garante o aprendizado, tanto para o estudante com deficiência, quanto para o que não tem. O desafio da educação inclusiva é garantir esse aprendizado. Não tenho uma formação da Educação Inclusiva e na Alfabetização, por exemplo, passo por dificuldades para garantir o aprendizado, porque me falta conhecimento especifico para trabalhar com as limitações dele. Além disso, não tenho todo material que necessito para trabalhar de uma forma legal, que o inclua e ainda precisamos de suporte, muitas vezes até humano, de profissionais que estejam junto com o professor para garantir as aprendizagens olhando para essas limitações, aproveitando todo o material que existe na escola e com as pessoas que estão disponíveis na escola.

A Educação Especial está focando esses alunos que têm necessidades especiais, como que eu trabalho com esse aluno dentro das condições dele intelectuais, motoras, etc. A Educação Inclusiva abrange todos os alunos, desde aquele que tem necessidades ao que não tem, o considerado normal. Trata-se de uma educação para todos, nas suas idades, no gênero, enfim...

Conhecimento da Legislação Brasileira sobre a Educação Especial e a Educação Inclusiva, tenho pouco. Não tenho formação em Educação Especial, estudei a legislação para o concurso público, inclusive no material da Secretaria de Educação Municipal, o Caderno da Cidade destinado aos alunos, tem legislação sobre a inclusão e eu trabalhei com eles, estudamos a lei a nova nomenclatura para deficientes, como ela se transformou e a questão dos direitos dessas pessoas que devem ser incluídas. O pouco que conheço é do Caderno da Cidade e dos estudos para o concurso que eu busquei.

O termo correto para deficientes, inclusive de acordo com esses textos são pessoas com necessidades especiais, porque antes usávamos portador, o existe a explicação que eles não carregam nada para depois deixar de lado, é algo que eles têm e que acompanham eles pela vida, eles têm necessidades especiais.

O que o professor deve fazer ao receber um educando com deficiência? Primeiro passo deve ser realizada uma sondagem, uma avaliação diagnóstica para ver qual o nível de conhecimento desse aluno, suas capacidades intelectuais, motora, etc. Ter acesso ao laudo é fundamental para saber o que ele tem, porque nem tudo é visível. Fazer uma avaliação individual para saber quem é esse aluno, para saber o que pode, o que consegue.

O que entendo sobre as barreiras é que elas não são só do aluno, elas são vistas como social. Por exemplo, se não temos uma rampa na escola, isto é visto como uma barreira, porque é uma dificuldade para esse aluno e não é uma barreira dele, é algo da escola. Neste sentido, temos barreiras nas calçadas, nas ruas, no transporte coletivo; então estas dificuldades que são impostas para essas pessoas são obstáculos da sociedade e impedem os seus desenvolvimentos.

PROFESSOR - 2

D.F.O. Educador há 38 anos, trabalha nas redes públicas de ensino estadual e municipal e na rede particular de ensino. Formado em Geografia. Desempenhou várias funções na escola: Direção, Coordenação Pedagógica e professor em sala de aula.

A Educação inclusiva no Brasil depende de conjunto de ações que precisa trazer todo processo histórico, social e político do país, para compreensão dessas novas identidades, no sentido de atender as reais necessidades da escola nesse momento. Não dá para falar de inclusão sem falar dos processos de exclusão que nós passamos nesse tempo todo, dos modelos sociais de estratégias e intervenções que ao longo do tempo veio se constituindo no nosso país. Por isso nós devemos ainda, realizar um longo trabalho nesse sentido em todas as instâncias da sociedade, família, igreja, institucionais, jurídicas, etc. Relativamente, a inclusão no Brasil se fala dentro de uma perspectiva que ainda nem todos participam do processo, e precisa de muita gente colocando a mão na massa para que de fato isso aconteça, para que a maioria das minorias excluídas possam participar do processo educacional.

Eu acredito que o maior desafio da inclusão é essa percepção educacional de todas as instâncias institucionais para que haja um grande avanço no nosso ideário social, principalmente na escola que é um lugar de lócus de discussão, temos exigido isso, falta muita coisa ainda. Estamos vivendo tempos bastante difíceis e que temos que marcar posição. A escola tem condição de incluir dentro de um processo que é muito excludente, ela não pode perpassar e ficar apagada dentro desse processo de exclusão. A inclusão acontece na medida em que ganhamos mais consciência sobre esse processo. Não é uma tarefa fácil, mas é possível.

A Educação Especial permeia a Educação Inclusiva, sendo que essa segunda tem um olhar sobre o que é especial. Todos nós temos uma determinada dificuldade e as vezes não percebemos, mas de fato precisamos ter um olhar muito mais aguçado sobre a Educação Especial, porque a escola ela deve muito isso, não por conta de um processo de não fazer as tentativas, mas um processo de aprendizagem mesmo, dentro do seu ambiente e da sua condição institucional. De fato, as leis, as formas de absorção dessas novas práticas de inclusão precisam ser aprendidas, porém dentro de um processo de coisas novas que a escola pode promover, compreendendo que as diferenças estão sendo permeadas nos vários grupos da educação escolar.

A legislação brasileira é bastante forte nesse sentido e as grandes formas que foram feitas tanto fora como dentro do país, que já permeiam isso nas leis de transformações nas esferas governamentais, melhora o processo de inclusão, principalmente, a LDBEN que sensibiliza o olhar muito mais aguçado nessa questão. Os avanços na Constituição Federal de 88, com suas Emendas, que abre um aspecto importante nesse sentido. A legislação deve ser verificada por cada educador porque isso vai lhe dar maior chão, mais compreensão de todo o processo.

O tema correto para deficientes de acordo com estudos ao longo do tempo, tem sido colocado de forma subliminar, em minha opinião, são pessoas com determinadas necessidades especiais, esse termo me parece mais tranquilo para ser tratado.

Receber um educando com deficiência precisamos ter essa visão, ter a sensibilidade da compreensão de todo o processo vivencial das crianças, adolescentes, das pessoas que precisam de uma certa organização, essa recepção realizada pelo educador precisa ser aprendida. Por isso, precisa conhecer mais a legislação, como a escola vem tratando disso e como está dentro das instituições.

As barreiras comentadas nos documentos oficiais se dão na prática devido à falta dessa percepção, desses conhecimentos. As barreiras, por exemplo, estruturais dentro de uma escola precisam ser vencidas, a falta de conhecimento precisa ser trabalhada, a falta de informação sobre as instituições de apoio, de um melhor aprofundamento, precisa ser vencida. Acredito que hoje a maior barreira é a falta de conhecimento por parte dos profissionais, não por culpa dele, mas por causa do processo que ainda não foi totalmente legitimado.

PROFESSOR - 3

C.S.S. Professora em escolas públicas do Estado e da Prefeitura de São Paulo do ensino fundamental-II e médio. Formada em Letras; pós-graduada em Literatura Moderna e Contemporânea. Durante a pós-graduação optou pela especialização em Geografia, devido à realização de um trabalho com a obra de Nelson Rodrigues "Anjo Negro" que se reportava a cultura brasileira na década de 50-60, assim percebeu seu interesse pelas questões sociais. Desenvolve projetos para adolescentes pela sua identificação com o público jovem, nas disciplinas de Língua Portuguesa: gramática, redação, literatura e espanhol no ensino fundamental com o objetivo de incentivá-los a prosseguir os estudos e adentrar o mundo do trabalho com maior facilidade. É formada em espanhol e inglês porque inicialmente, enquanto adolescente, se dedicou a carreira de comissária de bordo, porém com o atendado de 11 de setembro de 2001 em Nova York, a situação de empregabilidade nessa área ficou comprometida, sendo filha de professora se embrenhou pela carreira do magistério o qual se identificou e participa efetivamente da busca por uma educação pública de qualidade.

Acredito que o Brasil está caminhando para a construção de uma escola inclusiva. Me recordo que a primeira vez que vi uma criança com Síndrome de Down eu estava na pré-escola, já tinha 7 anos. Tenho a impressão de que as famílias tinham familiares com deficiências, síndromes, etc., mas deixava-as afastadas do convívio social, elas ficavam em casa, não frequentavam escola. Confesso que fiquei assustada por nunca ter visto alguém com necessidades especiais. Hoje as pessoas sabem mais a respeito dessas doenças, mas ainda existe muito preconceito. Muitas escolas registram no papel que existe o trabalho de inclusão, mas na prática a gente sabe que não tem. Os desafios para uma Educação Inclusiva são: vontade, participação, conhecimento e informações. Como exemplo, podemos dizer que são poucas as famílias que conhecem seus direitos, só quanto tem um filho que necessita de atenção que vão buscar as informações.

Às vezes penso que não é uma questão de ser pessimista, mas sim de olhar a realidade, pois tenho percebido poucos avanços durante minha carreira no magistério. Vejo que as escolas precisam se equiparem com materiais e outros recursos para auxiliar o trabalho docente. No início do ano quando o professor pega na sua turma uma criança que necessita de um auxílio, ele vai ter que conhecê-la, diagnosticar o que ele sabe, também sua bagagem cultural (o que ela traz para nós) tentar ajudar no seu desenvolvimento com a elaboração um planejamento de trabalho com o que ele já sabe e o que pretendemos desenvolver com esse educando para que ele possa ir acompanhando e evoluindo nas aprendizagens. A gente não tem um manual de como trabalhar com esse educando, somos nós que vamos descobrindo ao longo do tempo dando aulas.

Educação Especial e Educação Inclusiva são termos que ainda me confundem no entendimento das especificidades de cada um deles. Não lembro de detalhes da legislação, mas sei os princípios, todos têm direitos iguais, sem preconceitos e discriminação de qualquer natureza. Acredito que o termo correto para deficientes após a mudança realizada recentemente seja, pessoas com necessidades especiais.

Com relação as diversas barreiras que existem dificultando o desenvolvimento do educando, só me passa pela cabeça que temos que eliminá-las para facilitar a vida dele. A escola desde sua construção precisa pensar em ser inclusiva, em ter tudo para todos, e não ter que modificar quando recebe uma criança, os equipamentos e materiais que realizam o processo de inclusão precisa existir na instituição de ensino.

PROFESSOR - 4

A.W.S. Há 16 anos professor de Ensino Fundamental II (regular e Educação de Jovens e Adultos) e Médio, das redes públicas Estado e Município de São Paulo, Especialista em Matemática. Formado em Engenharia Mecânica, fez a Resolução CNE/CEB Nº 02/97 Dispõe sobre os programas especiais de formação pedagógica de docentes para as disciplinas do currículo do ensino fundamental, do ensino médio e da educação profissional em nível médio. Especialização em Matemática, Pedagogia, Especialização em Libras.

A escola Inclusiva no Brasil está num processo inicial, estamos recebendo os alunos especiais e muitas escolas ainda não estão preparadas para recebê-los. A escola de estado que atuo, ainda sem rampa de acesso e não tem material para facilitar o nosso trabalho em sala de aula. Acabamos por soluções paliativas para resolver as situações de inclusão. Por exemplo, às vezes mudamos uma turma do local de atendimento porque determinado aluno com mobilidade reduzida não pode acessar o piso superior da escola, assim passamos o atendimento para uma sala no pátio. Realizamos adaptações para fazer com que ele sofra menos. A escola necessita de adaptações, até mesmo banheiro adequado para receber esse aluno e que o atendimento possa ser mais tranquilo.

Aqui no Brasil, em alguns segmentos a situação é levada mais a sério. Algumas escolas são equipadas, você vê a inclusão realmente acontecendo, mas em outras escolas a gente vê isso só na teoria, quanto partimos para a prática, percebemos que não tem estrutura e recursos humanos que possam dar um suporte e, principalmente, faltam informações de como devemos fazer para buscar ajuda para o atendimento correto, mesmo em nível setorial, Leste (estado) ou Diretoria Regional de Educação (município). Percebo que muitas vezes não conhecemos os caminhos a percorrer para chegar lá, sendo assim, a inclusão acaba sendo realizada de forma superficial. O aluno especial é colocado junto com os outros alunos, muitas vezes o professor sem uma formação adequada, não consegue dar a atenção necessária. Necessita de uma pessoa junto com ele para auxiliar em algumas atividades diferenciadas, mas não tem, então fazemos o que podemos para garantir o atendimento, inclusive material impresso para auxiliar no seu desenvolvimento, principalmente na minha área, para identificar o que ele sabe e fazê-lo avançar nos conceitos matemáticos, pelo menos adquirir os conhecimentos básicos. Na maioria das escolas a gente não tem nem o apoio do Coordenador Pedagógico. No estado, por exemplo, a coordenação está mais envolvida com a administração da escola e pouco participa do pedagógico. O que conseguimos muitas vezes é a impressão de material, mas acompanhamento sistemático do atendimento ao aluno, isso não. Às vezes conseguimos o acompanhamento para os casos mais graves, aqueles bem gritante. O desafio para nós tem sido em tentar adaptar uma situação com essa realidade que já mencionei anteriormente, da ausência de estrutura física da escola e a formação docente, somos muito carentes nesse sentido, precisamos de formação para saber lidar com determinadas situações de aprendizagens para esse público. Ou seja, pessoas que sabem como lidar pode colaborar para que possamos aprender e atender melhor.

A diferença entre Educação Especial e Educação Inclusiva, seria que na Educação Especial precisamos atender as necessidades Especiais, inclusive com suporte de equipamentos, por exemplo, o deficiente visual precisa aprender o braile como facilitador das suas aprendizagens. Que ele tenha um professor especialista para acompanhá-lo. Na Educação Inclusiva ele tem que participar da educação comum, que tenha interação com os demais, sendo aceito pelo grupo. Ele precisa se sentir parte da situação de convívio. A sala de recursos do estado sempre deu apoio para o fundamental I (do 1º ao 5º ano), no fundamental II (do 6º ao 9º ano) sempre ficaram perdidos, soltos na escola, sem apoio direcionado. Os professores fazem o podem para atendê-los sem acompanhamento mais sistemático, salvo aqueles que eram acompanhados fora, por uma instituição afim, tipo APAE, etc., que realizavam outro trabalho. Mas a grande maioria não, até porque as famílias nem sempre tinham acesso ou condições de manter um atendimento fora da escola comum. Sem oportunidades para um desenvolvimento melhor, somente com o que oferecemos dentro da escola, porém, a gente tem muito que caminhar para que a inclusão aconteça melhor.

A legislação brasileira fala muito que temos que colocar esses alunos em contato com os outros, temos conhecimento dos documentos, mas não sabemos a fundo, pois acabamos tendo contatos superficiais com as leis, faltando clareza no entendimento. Mas conheço os princípios e sei que temos que oportunizar tudo para todos, para que tenham os mesmos direitos e, hoje em dia, pelo estudo sobre os Objetivos do Desenvolvimento Sustentável percebemos que todas as necessidades devem ser atendidas. Vejo ainda a importância do fortalecimento da parceria com a família para diminuir as dificuldades que a escola tem no atendimento, trabalhando de forma mais coerente e efetiva. A nomenclatura seria pessoa com necessidades especiais, que variam conforme a deficiência (motora, intelectual, visual, auditiva etc.), cada um deles precisa ser tratado de uma forma distinta devido a sua necessidade para que sejam incluídos.

Para atender um aluno na escola, o primeiro passo é incluí-lo no grupo que precisa aceitá-lo, para isso temos que fazer um trabalho de acolhimento, para que ele se sinta mais à vontade e permita que o professor se aproxime. Quando se sente rejeitado, se isola e não conseguimos acessá-lo. Fazê-lo participar de atividades coletivas em interação com os outros, com a proximidade, sempre tem um ou dois alunos que se aproximam mais ainda e tornam as situações de aprendizagem mais acessíveis, inclusive pelo carinho, fazendo com que as coisas aconteçam, melhorando as interações. Sobre as barreiras, as vezes surgem até por parte do próprio governo que não contribui em facilitar, mesmo com legislações para melhoria da condição do atendimento, exemplo, ter um psicólogo na escola. Este projeto lei foi vetado.

PROFESSOR - 5

V.F.S. Formado em Letras – Língua Portuguesa e Inglês. Tenho um cargo na rede pública municipal de São Paulo de Inglês, afastado nas funções de Professor Orientador de Informática Educativa – sigla POIE. Cursou 3 anos de Engenharia Civil, pretende concluir. Participa de formações diversas sobre Informática Educativa oferecida pela Secretaria Municipal de Educação de São Paulo.

A escola inclusiva no Brasil está sendo iniciada, apesar de já existir vários recursos que estão sendo destinados à escola e várias formações sobre o tema sendo oferecido para os profissionais da educação, acredito que o país engatinha nessa perspectiva de inclusão. Sinto que a sociedade também não está preparada para receber pessoas com deficiência ou qualquer tipo de necessidade.

Considero que existem muitos desafios, inicialmente podemos destacar a situação das pessoas com dificuldades de locomoção que enfrentam diversas barreiras arquitetônicas. Os governos e os sistemas educacionais foram ao longo do processo eliminando essas barreiras, mas ainda existem muitas. Outra barreira importante a ser citada, é a formação do professor em relação à inclusão. Precisamos que tenha mais amplitude no estudo, porque percebo que há certa confusão entre incluir e assistencialismo.

Existem várias propostas feitas pela sociedade e pelos governantes que muitas vezes são prejudicadas por vários problemas políticos do país que barram os avanços, exemplo, a corrupção. Em relação à legislação sinto que faltam debates, pois, alguns aspectos da inclusão não são bem esclarecidos, inclusive sobre a real necessidade do aluno ser encaminhado ou não de um atendimento especializado, ou se sua deficiência pode ser sanada apenas por um apoio pedagógico.

Há muitas controvérsias quando o assunto é inclusão. O termo mais comum utilizado atualmente para tratamento do deficiente, considerando os diversos especialistas e suas pesquisas, é pessoa com deficiência e na sequência especificar a deficiência de cada um.

PROFESSOR - 6

L.S.N. Formado em bacharelado em Economia pela PUC de São Paulo. Atuou como monitor em algumas aulas na própria PUC e segui carreira docente. Fez graduação em Matemática, pós-graduação em Docência do Ensino Superior, Psicopedagogia Clínica e Psicopedagogia Institucional. Está com projetos de Mestrado e pesquisa em andamento, pretende continuar no exercício da docência por muito tempo ainda. Atualmente leciona nas redes públicas de São Paulo – estado e município.

Falar em escola inclusiva é muito bonito no papel, parece um projeto muito bem alicerçado, mas quando vamos para a prática e da sala de aula e o exercício da práxis é muito difícil, o professor fica tão desamparado. A formação continuada é muito importante a gente vai sentindo a dificuldade que é, inclusão, exclusão, adaptação, qualquer procedimento com educando quando está na prática mesmo, na realidade. Faz você enquanto docente buscar formação e orientação, algo que te alicerce, pois não é tão fácil. Eu acho árduo todos os momentos, o olhar, as aprendizagens, discutir saberes, precisa de um estudo constante.

O meu olhar é regional, mas para que o Brasil tenha uma educação inclusiva precisa de muita estrutura, muita formação, coisa que está muito longe da realidade que precisa ser discutida, teorizada na prática e tudo isso é muito difícil. As realidades são múltiplas e as defasagens são enormes, o professor se encontra bastante limitado, espacialmente, temporalmente, com seu conhecimento específico com a necessidade de ampliar os estudos, ampliar as situações encima daquela prática e se preparar para outras que vierem, isso tudo é muito importante, mas essa postura é ainda muito fraca. Existem políticas públicas boas tanto associativas como afirmativas, pesquisas, muita coisa legal acontecendo, porém que não chegam com eficiência na escola e o cotidiano ainda precário, o que chega não preenche aquela realidade e é na prática que eu vejo.

O desafio da Educação Inclusiva é realmente formar pessoas, mesmo que tenham estudiosos e teóricos que entendem o assunto, muita gente não entende e os educandos estão na mão de quem não entende, não tem conhecimento, tem suas limitações com aquela realidade. Alguns conseguem ir adiante, buscar conhecimentos, apoio e estudo, em uma gestão, psicologia ou psicopedagogia, com profissionais experientes que tem clareza sobre o assunto, mas a maioria não consegue absorver isso, sendo muito triste, tendo um trabalho solitário sem apoio e recursos, o atendimento fica muito aquém das necessidades do educando. Quando se fala em Educação Inclusiva é muito complexo e o professor precisa se integrar dos conhecimentos para o desenvolvimento pleno. Observando que quando ele pega o educando, não sabe como veio, como está e como vai deixar, então é muito complicado, pois você pega um processo em andamento, do qual não se tem muito conhecimento e acaba não contribuindo, deixando estagnado, tão qual chegou. Inclusive perde no caminho, um trabalho consolidado, uma pesquisa, uma sondagem, uma avaliação diagnostica, perdemos muitas coisas, por não saber seguir o percurso.

No meu ver a Educação Especial e Educação Inclusiva são distintas no conceito, porém não tenho conhecimento para defini-las. Na prática tem que ser para todos respeitando suas múltiplas diferenças, defasagens, deficiências, trazendo-os para a realidade social. Tenho educandos especiais e acho muito difícil o trabalho com eles, por falta da formação. Sei que devemos sensibilizar o olhar, compartilhar com o coletivo, estimulá-los a participação e no desenvolvimento das atividades, buscar saberes no próprio educando, sem rotular, buscar informações de todo o percurso dele; trazer subsídios da vida afetiva, familiar, escolar e realizar um portfólio contínuo, registros da vida escolar e do seu desenvolvimento integral, dando continuidade no processo e fortalecendo o percurso.

Quando você tem um educando especial numa sala de aula com 30 ou 35, faz você mudar seu olhar com todos, isso afeta sua sensibilidade, provoca o estudo contínuo, a sua formação, você percebe que sua práxis está se adequando a realidade, falar a linguagem dele, ele falar a minha, perceber o que os documentos oficiais falam sobre criar essa inclusão, o acolhimento, eliminar as barreiras. O profissional da educação hoje tem que ter esse olhar um pouco mais voltado para vários âmbitos e não só para o momento de aprendizagem, até porque a aprendizagem já vem se constituindo desde a família e com muitos fragmentos e, cabe a nós professores, ter isso, não é fácil com uma sala superlotada, com múltiplas tarefas, funções, cobranças, mas faz parte das nossas atribuições, afinal foi a profissão que escolhemos e temos que fazer da melhor forma possível.

Enfatizo a minha preocupação e retomo a minha fala com o acompanhamento do profissional que atua nessa realidade, antes, durante e depois, constituindo uma busca constante por compreender esse educando e toda a sua história de vida. Assim, refletir, discutir e deixar para o próximo profissional o percurso registrado, ou seja, compartilhar a docência.

PROFESSOR 7

A.C.S.G. Especialista em Educação Física. Professor em exercício nas redes públicas Estado e Prefeitura do Ensino Fundamental I e II.

Na minha opinião, escola inclusiva no Brasil é um grande desafio, uma proposta necessária, uma mudança, uma meta a ser alcançada no sentido pleno, enfrentando muitos obstáculos, mas que vem percorrendo um caminho de sucesso, avançando em algumas metas educacionais no atendimento ao público especial e vem melhorando a cada dia. Entendo que necessitamos ainda de tempo para que a proposta da Educação Especial seja alcançada plenamente, conforme as prerrogativas oficiais.

Os desafios da Educação Inclusiva seriam: a infraestrutura das unidades escolares, a capacitação dos profissionais preparando-os para o acolhimento e desenvolvimento de um trabalho específico para o atendimento das necessidades especiais.

A diferença entre a Educação Especial e a Educação Inclusiva seria, na educação especial, entendo que temos que dominar algumas técnicas pedagógicas para garantir o desenvolvimento do aluno especial. A educação inclusiva é uma proposta que tenta incluir o educando especial em uma rotina regular na escola tradicional, e tenta adequá-lo e inclui-lo aos métodos de ensino que são ofertados para os alunos que não são especiais.

O meu conhecimento sobre a legislação brasileira sobre inclusão é básico. Conheço as diretrizes, proposições e princípios. Ela fala sobre a inclusão do aluno especial, sua participação nas atividades da escola, inclusive em períodos que podem ser reduzidos de acordo com as necessidades especiais de cada aluno, mas que deve frequentar a escola regular. Desconheço as minúcias da lei e aspectos mais técnicos.

O termo correto para deficientes, pessoa com necessidades especiais. Eu sei que portadores de necessidades especiais já está ultrapassado.

Levando-se em consideração as várias disciplinas escolares que um educando especial têm no ensino regular, ao recebe-lo na minha disciplina, o primeiro procedimento que o professor deve ter é fazer uma anamnese, para entender a amplitude das dificuldades desse educando, suas limitações, as capacidades que ele têm, o que ele é capaz de fazer, uma observação da real situação para traçar um plano de atuação e uma perspectiva de melhora, metas para perceber até onde ele pode chegar em seu desenvolvimento. Perceber se esse aluno exige alguma atenção especial em alguma área seja motora, cognitiva, etc. Também procurar saber sobre toda a documentação que o acompanha como relatórios, laudo, tudo o que possa trazer mais informações referentes às necessidades dele e procurar ter a melhor forma de atuar com ele para ajudar no seu desenvolvimento.

As barreiras são distintas em cada unidade escolar para o atendimento especial. Em cada situação o apoio é específico e as barreiras são muitas. O trabalho está sendo desenvolvido, mas temos a caminhar nesse tema.

PROFESSOR 8

G.M.S.B. Formada em Pedagogia e Arte. Professora da rede municipal de ensino, onde atua na sala de leitura; e na rede estadual com salas de 2ºano.

Para mim, uma escola inclusiva acolhe se adapta ao educando com necessidades especiais. Os maiores desafios estão na resistência dos educadores em acolher, dizendo que são incapazes de atender o deficiente.

Escola especial é específica para atender as necessidades do educando. Já a escola inclusiva todos interagem aprendendo coletivamente, cada um no seu tempo e habilidades.

Não tenho muito conhecimento. Só o básico: que é um direito de todos, incluindo as necessidades especiais.

O termo utilizado para deficientes, apesar de ter um termo romantizado, "especial" acho mais agradável.

Professor deve inicialmente conversar com pais, saber de relatórios médicos, e de especialistas e inicialmente criar um vínculo.

Uma grande barreira que encontramos são números excessivo de alunos que atrapalham atendimento a todos, inclusive do aluno com deficiência.

PROFESSOR 9

A.C.R.A. Formada em Pedagogia pela Faculdade Sumaré. Atualmente trabalha em uma escola de Educação Infantil da Prefeitura de São Paulo, professora de Educação Infantil, atende crianças de 4 a 6 anos.

A escola inclusiva é aquela que recebe e acolhe, mas principalmente, aquela que garante o acesso e permanência com qualidade aos seus usuários. Os desafios que vejo hoje são, em sua grande maioria, a falta de parcerias para que haja um trabalho em conjunto entre a escola e os equipamentos do governo.

A educação especial é direcionada para o aluno com deficiência e, na educação inclusiva, todos, independentemente de sua condição, convivem e aprendem juntos.

Conheço as leis, são várias e elas sempre mudam para atender e melhorar o atendimento a esse público.

Entendo que a falta de compromisso político acaba criando barreiras físicas e estruturais. A maior barreira é a falta de parcerias que realmente funcionem entre as escolas e os equipamentos.

A avaliação no processo educativo começa no acolhimento que é o momento em que temos a oportunidade de observar, reconhecer e entender a criança e suas necessidades.

Quando recebemos uma criança o primeiro passo, como dito na questão anterior é o acolhimento, seguido de uma sondagem. Aos poucos percebemos suas necessidades e a partir disso, com estudo e planejamento, conseguiremos atender essa criança de forma significativa.

PROFESSOR 10

A.N.S. Formação acadêmica em pedagogia, pós-graduada em ludoterapia, LIBRAS. Atuo como coordenadora pedagógica.

A meu ver escola inclusiva refere-se ao local que atende a "todos". Quanto aos desafios relacionam-se aos processos culturais, sociais e estruturais. Embora, aos poucos os entraves vêm sendo superados.

A educação especial atende as pessoas com deficiência, já a educação inclusiva atende a "todos".

Quanto à legislação pertinente a educação especial, procuro conhecer, bem como, a educação inclusiva, mas confesso que ainda preciso me apropriar não só para leitura, mas, também para estudo.

Compreendo como "barreiras" as atitudinais e as arquitetônicas, considerando que cada pessoa tem suas particularidades e potencialidades.

Como a maior barreira para a qualidade do ensino, penso ser o conhecimento e as articulações entre as instâncias.

Creio que a criança ou o estudante ao adentrar na escola pode ter acesso as adequações avaliativas necessárias. No meu ponto de vista, ao receber a criança/estudante com deficiência, o docente precisa acolher a pessoa, observar, conhecer, entender o convívio no ambiente familiar em diálogo com a família que poderá auxiliar no desenvolvimento do estudante na escola. A expectativa da família que podem qualificar as práticas pedagógicas. Em outras palavras: acolhimento, observação, diálogo, pesquisa e estudo.

PROFESSOR 11

V.L.M.D.F. Concluiu o CEFAM em 1992, fez Pedagogia em 2003 e hoje trabalha na Prefeitura de São Paulo como professora readaptada definitiva.

A escola inclusiva é aquela que se apresenta acolhedora, garantindo o acesso e a permanência. Os desafios encontrados para a construção da escola inclusiva são a falta de parcerias e equipamentos para atender as necessidades dos educandos.

A educação especial atendia apenas os alunos com necessidades especiais, já na educação inclusiva, todos os alunos com ou sem necessidades tem o direito de conviverem e aprenderem juntos.

Conheço a legislação incluindo os decretos que são atualizados para atender a inclusão de todos.

Em minha opinião, as barreiras seriam a falta do compromisso político e uma vontade política em apoiar os setores sociais, culturais e econômico. Acredito que a maior barreira seja a falta de compromisso em geral.

A avaliação do processo educativo deve ocorrer em todos os momentos, através do acolhimento familiar, observação e escuta do educando durante o período escolar. O professor precisa acolher a família e o educando para conhecer suas necessidades para melhorar o trabalho. Para o professor estar comprometido ele necessita de apoio.

PROFESSOR 12

L.M.M. Professora da Educação Infantil e Ensino Fundamental I. Ingressou na PMSP em17/10/1996 na Educação Infantil e em 07/05/1997, no ensino Fundamental, em ambos os cargos, com formação no Magistério. Posteriormente, em 2001 fez a primeira graduação em Letras. Realizou vários cursos na Universidade de São Paulo/USP, promovidos pelo município aos servidores. Em 2005 graduou-se em Pedagogia. Realizou especialização em Docência do Ensino Superior e Extensões Universitárias em Contação de Histórias e Música. Atuou na equipe gestora de uma unidade de ensino fundamental da rede municipal de São Paulo, mas dedicou-se a carreira de professora por mais de 24 anos em sala de aula. Há 13 anos na última unidade, que é de Educação Infantil.

Em primeiro lugar, uma escola inclusiva é aquela que tem total acessibilidade física para as crianças, estudantes, famílias e funcionários. *Penso que as* políticas públicas são morosas em nosso país, porém, existe uma inclusão tão efetiva e valorosa quanto a acessibilidade que é a "atitudinal", ou seja, o comportamento das pessoas diante de uma criança ou estudante que precisa da inclusão. O acolhimento deve ser feito o ano inteiro, a escuta atenta e sensível dos anseios ou angústias, também tem que ser permanente. *A atitude e olhar dado à inclusão, faz toda diferença!*

Tive que buscar ajuda para diferenciar as educações: especial e inclusiva, pois inocentemente, e aí afirmo que não podemos ser inocentes quando pensamos em educação; caí no erro de achar que era apenas uma mudança de nomenclatura, com as mesmas ações, mas não é, pois a educação especial pensa um processo inteiro, em separado, para atender alunos com necessidades especiais. Por outro lado, a educação inclusiva prevê uma adaptação do sistema educacional que já existe, para garantir o acesso e a permanência de alunos com deficiência no ensino regular. Quando penso em educação especial ou inclusiva, a primeira coisa que me vem à mente é a "Declaração de Salamanca" de 1994, pois quando ingressei na RMSP em 1996, estava recém acontecido o encontro do qual saiu esta declaração, que traz a educação inclusiva como possibilidade de reforçar a ideia de Educação para Todos, como se até então alunos com deficiência ou outras necessidades educacionais especiais não frequentassem a escola. Penso que, como em todos os processos que estão presentes na educação, os primeiros passos têm muita importância, pois corrigir o que não concordávamos, *de acordo com a Declaração* de Salamanca, gerou espaço para reflexões importantes e práticas mais inclusivas.

As barreiras seriam a falta do compromisso político e uma vontade política em apoiar os setores sociais, culturais e econômico. O processo de avaliação começa a partir do momento em que conhecemos a criança e *ela* é contínua até que o ano letivo se encerre. Quando recebemos uma criança com deficiência, o primeiro passo é saber tudo sobre ela, lendo o laudo e qualquer documentação referente à mesma. Depois, conversar com os responsáveis e tentar extrair o máximo de informações possível, *por exemplo*, como se comporta em seu dia a dia em casa ou na escola, como acontece a comunicação dessa criança com o outro e quais são os cuidados necessários que a família costuma ter. Feito isso, organizar o planejamento para o acolhimento dessa criança, de forma a facilitar suas interações consigo e com as demais crianças da turma. No planejamento citado, deve constar a intenção de formação continuada nos horários de estudo da própria escola e buscar por cursos que possam favorecer o engajamento docente. Isso certamente, será benéfico para toda a equipe docente, que terá a oportunidade de trocar em formações e em reuniões pedagógicas.

PROFESSORES 13, 14, 15

Relato de grupo: 1 – C.S.M., 2 -T.A., 3- S. Professoras da Educação Infantil e Ensino Fundamental I, com licenciatura em Pedagogia e atuando na Educação Infantil na Rede Municipal de São Paulo.

Uma escola inclusiva é aquela que acolhe a todos, respeitando as suas particularidades e criando condições para o acesso e permanência de todos os envolvidos.

Acreditamos que a Educação Especial se refere a pessoa com deficiência e a educação inclusiva, refere-se ao acolhimento e respeito de todas as diferenças e diversidade. Nosso conhecimento sobre a legislação foi através da formação acadêmica e durante os horários formativos na escola.

As barreiras podem ser atitudinais e arquitetônicas. Já temos acompanhado muitos avanços sobre essas barreiras citadas, porém, precisam se adequar para garantir uma educação de qualidade. Acredito que o número de crianças em sala de aula, é uma grande barreira para a educação de qualidade, a oferta precária de cursos, a questão da remuneração do professor e o baixo número de estagiários para auxiliar em sala de aula.

A avaliação ocorre desde o momento em que a criança chega na escola, através da observação e da escuta atenta.

Nós professoras, ao recebermos uma criança com deficiência, é importante conversar com a família, ter acesso ao laudo, pesquisar sobre, e se for o caso, orientar os responsáveis sobre as redes de proteção, e para que o professor qualifique a sua prática, é importante a formação continuada, diminuição do número de crianças em sala, apoio de estagiários em cada sala e políticas públicas que de fato cheguem na escola. Além disso, para garantir o engajamento, é importante a valorização da carreira e garantir remuneração, para que o professor se mantenha, sem precisar de trabalhar em vários turnos, comprometendo sua saúde física e mental.